Jakob Friedrichs

# Ist das Gott oder kann das weg?

## Über den Autor

*Jakob (Jay) Friedrichs* ist Teil des Kabarettduos „superzwei" und erreicht mit seinem Podcast „Hossa Talk" Tausende von Hörern. Er ist Gemeindepädagoge, pastoraler Mitarbeiter in der Andreasgemeinde Niederhöchstadt für die Bereiche Spiritualität und Musik und in der Schulsozialarbeit in Kronberg tätig. Außerdem ist er fanatischer Cineast und hat mehr Filme in seinem Leben gesehen, als er selber zählen kann!

JAKOB FRIEDRICHS

# Ist das Gott oder kann das weg?

Warum
Weihnachten ein
merk-würdiges
Fest ist

# Inhalt

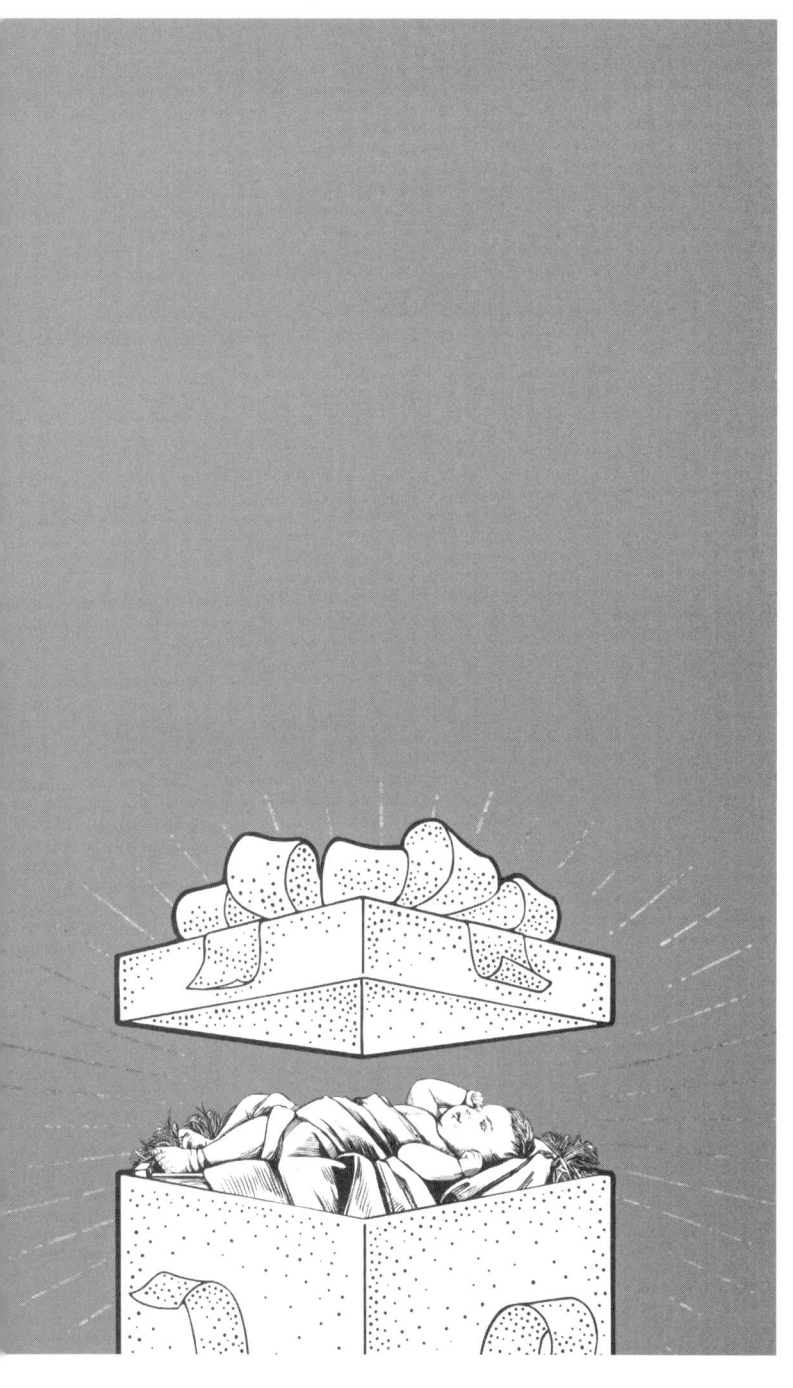

# Prolog.
# Der Anders-Gott

Weihnachten ist,
wenn Gott Striptease
macht.

**Seit 2000 Jahren** feiern Menschen überall auf der Welt Weihnachten und Ostern. Sie tun es Jahr für Jahr, um sich daran zu erinnern, dass sie an den Anders-Gott glauben. An einen widerspenstigen Gott, der sich einfach nicht so verhält, wie man es von ihm erwartet.

Meines Erachtens ist das Christentum die merkwürdigste Religion, die es gibt. Das fällt uns kaum noch auf, weil der christliche Glaube in unseren Breiten so lange die vorherrschende kulturelle Kraft gewesen ist. Seine Symbole umgeben uns auf Schritt und Tritt. Wenn ich mir zum Beispiel ein schmuckes Kreuz um den Hals hänge, kommt mir nicht einmal in den Sinn, dass es sich dabei um ein römisches Foltergerät handelt, das zu den grausamsten „Erfindungen" der Menschheit gehört.

Oder Weihnachten.

Wir sind daran gewöhnt, dass Gott nicht wie Superman vom Himmel herniederfährt, sondern als normales Baby geboren wird, um ein stinknormaler Teil der Welt zu werden. Das hören wir jedes Jahr in der Weihnachtsgeschichte. Aber es ist alles andere als normal. Es ist merkwürdig. Sehr merkwürdig sogar. Die Energie, die das ganze Universum geboren haben will, kommt als Baby zur Welt – in einer ärmlichen Handwerkerfamilie in Hintertupfingen?

Kannste dir echt nicht ausdenken.

Die Religionen sind voller Götter, die die Erde besuchen – aber niemals so. So trivial, so unspektakulär, so menschlich – so offenkundig eines Gottes unwürdig. Wenn das kein merkwürdiger Glaube ist, dann weiß ich auch nicht. Wer kommt denn auf die Idee, seine Religion so zu beginnen?

Und normalerweise sterben Götter auch nicht an Kreuzen.

Aber treten wir zunächst einen Schritt zurück. Warum sollte man sich überhaupt mit einer Religion wie dem Christentum beschäftigen? Dass sie merkwürdig ist, klingt ja nun nicht nach einem Qualitätsmerkmal.

Viele halten den Glauben an Gott heute auch generell für überholt oder zumindest die Religionen für aus der Zeit gefallen.

Und da ist natürlich etwas dran. Wir leben in einer Welt, in der man davon ausgeht, dass das, was passiert, auch irgendwie erklärbar ist. Wir drücken einen Schalter und ein Zimmer wird hell. Wir sprechen in eine kleine, glasbedeckte Platte und jemand auf der anderen Seite der Welt hört unsere Stimme. Und wenn wir dann in eine Röhre aus Metall steigen, kann es sein, dass wir schon in ein paar Stunden tatsächlich neben unserem Gesprächspartner stehen. Das alles ist ja schon irre, wenn man darüber nachdenkt, geradezu wundersam für jemanden aus einem anderen Jahrhundert – trotzdem ist es erklärbar und ganz bestimmt keine Zauberei. Als die Religionen entstanden sind, war das noch anders. Die Welt wurde magisch gedeutet, Geister und Götter waren für das, was passierte, verantwortlich.

Wundergeschichten, wie sie in allen Religionen vorkommen, erzählen davon, wie die Götter in den Lauf der Welt eingegriffen haben. Das halten wir heute nicht mehr für besonders glaubwürdig. Oder wir erklären es mit dem Placeboeffekt mancher Medikamente: Wenn du nur fest davon überzeugt bist, dass es hilft, dann hilft es auch. Da wird die Luft für Gott natürlich immer dünner. Und ich verstehe das. Wenn Gott die Erklärung für all das ist, was man nicht erklären kann, steht so ein Gott auf brüchigem Eis. „The God of the Gaps" nennt man das auch. Den Lückenbüßer-Gott.

Ein Gott, der nach und nach die „Erklärbär-Funktion" von immer mehr wissenschaftlichen Disziplinen für immer mehr Fragen aus der Hand genommen bekommt, scheint überflüssig geworden zu sein. Interessanterweise war das nie die Ebene, auf der die jüdisch-christliche Gottesvorstellung nach Gott gesucht hat. Jedenfalls nicht primär. Die alten Israeliten waren herzlich wenig an großartigen Welterklärungen interessiert: Der Schöpfungsbericht wurde erst ziemlich spät in die Schriften des Volkes aufgenommen. Und auch die Christen überließen solche Spekulationen zunächst ohne Bedenken vor allem den griechischen Philosophen (leider hat es die Kirche später jedoch nicht lassen können, eine verbindliche Welterklärung einzuführen).

In meiner Brust schlagen zwei Seelen. Da ist der Rationalist, der sich keine Märchen erzählen lassen will. Jemand, der auf Nachvollziehbarkeit und Überprüfbarkeit pocht. Und dann ist da derjenige, der die Vorstellung eines unbeseelten Kosmos kalt und traurig und, ja, auch ziemlich langweilig findet. Ihn haben die unterschiedlichen Gottesvorstellungen der Religionen schon immer fasziniert. Das ist derjenige, der auf die Frage, warum er an Gott glaubt, antwortet: „Weil es schöner ist."

Diese Seite ist auch immer wieder verblüfft darüber, wie merkwürdig die christliche Gottesvorstellung tatsächlich ist. Dieser Gott ist anders, als wir Menschen es uns vorstellen oder gar befürchten. Dahinter möchte ich mit diesem Buch ein Ausrufezeichen setzen. Diese Merkwürdigkeit ist auch der Grund, warum ich den Glauben an Gott immer noch nicht für überholt halte.

Das Wundersame am christlichen Glauben sind für mich nicht die Wunder, von denen die Bibel berichtet, sondern sein seltsames Beharren auf einer Vorstellung von einem Gott, der selbst nach 2000 Jahren Christentum nicht recht in unser Denken passen will.

# Als Gott bei Herrn und Frau Niemand einzog

## WHAT IF GOD WAS ONE OF US?

JOAN OSBORNE

**Fangen wir vorne an.** Weihnachten erwähnte ich ja bereits. Es ist hilfreich, sich klarzumachen, dass niemand mit einem Stenoblock danebenstand, als Jesus von Nazareth geboren wurde. Er kam aus keiner hohen oder besonderen Familie, im Gegenteil – da hat natürlich niemand erwartet oder gar damit gerechnet, dass hier eine der einflussreichsten Figuren der Geschichte das Licht der Welt erblickt. Und schon gar kein Gott.

Die Ansicht, dass Jesus mehr gewesen ist als ein hochbegabter, faszinierender Mensch, entwickelte sich erst, nachdem seine Nachfolger zu glauben begannen, er sei tatsächlich von den Toten auferstanden. Bis dahin gab es wenig Grund, in ihm mehr als einen Rabbi und spirituellen Lehrer zu sehen.

Die vier Lebensberichte, die uns von Jesus im Neuen Testament überliefert sind, versuchen diesen Glauben nachzuzeichnen und in seinem Leben zu entdecken. Und das Merkwürdige ist, dass sie dabei keinen typischen Gott-Menschen aus ihm machten, so wie man das aus den griechischen Sagen kannte, sondern das genaue Gegenteil. Sie bestanden darauf, dass er ein echter, richtiger Mensch gewesen sei mit allem, was dazugehörte. Jemand aus Fleisch und Blut, der müde wurde und genervt sein konnte, den der Körper nach harter Arbeit schmerzte, der nach Schweiß roch und dem Haare in der Nase wuchsen, als er älter wurde, der sexuelle Bedürfnisse hatte, dem keine Höhe und Tiefe der Seele fremd gewesen ist, der Feiern liebte und Wein und gutes Essen und gute Gespräche. Einer von uns. Ein richtiger echter Mensch eben. Und nicht nur das, sie dichteten ihm nicht mal eine besondere Herkunft an, sondern blieben dabei, dass Gott als ein Niemand geboren wurde.

Der Franziskaner Richard Rohr notiert dazu:

*„In seinem Sohn hat Gott Ja gesagt zum Menschsein; er hat das Menschliche und das Göttliche – auf den*

*ersten Blick jedenfalls – un-unterscheidbar gemacht –*
*und er hat das Menschsein zu dem Ort gemacht, wo sei-*
*ne Begegnung mit uns stattfindet.*"

Und damit sind wir wieder bei dem Moment, als Jesus in die Weltgeschichte eintrat: Weihnachten.

Der Sinn der beiden biblischen Geburtsgeschichten im Matthäus- und Lukasevangelium ist nicht exakte historische Geschichtsschreibung. Meines Erachtens geht es zum Beispiel nicht um die Frage, ob die Mutter Jesu bei der Geburt ihres Erstgeborenen noch Jungfrau war oder nicht. Wer daran seinen Glauben an die Göttlichkeit Jesu hängt oder im Gegensatz dazu die ganze Geschichte um die „Heilige Nacht" als Beginn eines einzigen großen Märchens betrachtet, verpasst die wirklich spannenden Fragen dieser Erzählungen. Die beiden Weihnachtsgeschichten wollen zum Leuchten bringen, was den Glauben ausmacht, dass in Jesus Gott zur Welt gekommen ist. Und das tut jeder der beiden Erzähler auf seine Weise, sodass die Berichte sehr unterschiedlich sind, ja fast gegensätzlich. Die Jungfrauengeburt setzt das in Szene. Sie gehört zum antiken Inszenierungsinventar göttlicher Geburten. Cäsaren wurden von Jungfrauen geboren. Wenn es dir also wichtig ist, an Jesus als den Sohn einer Jungfrau zu glauben, dann tu es. Mit Freude. Wenn dich diese

Vorstellung jedoch eher befremdet, dann lass es. Und bitte nicht minder freudig. Es ist nicht der Kern der Weihnachtsgeschichten!

Zum Ausdruck soll kommen, dass das Ewige die Welt betritt. Als echter Mensch. Als geborenes Baby. Mit vollgeschissenen Windeln. Irgendwo im Hintertupfingen Israels.

Die meisten kennen die Weihnachtsgeschichte ja aus dem Krippenspiel an Heiligabend. Aber den wenigsten mag bewusst sein, dass hier in der Regel eine Mischung aus beiden Geburtserzählungen aufgeführt wird. Und so süß es anzuschauen ist, wenn die Kinder mit Schafsfellen durch die Kirche blöken – ich bin jedes Weihnachten ein bisschen traurig über diese Mixtur, weil dadurch letztlich der Störfaktor beider Erzählungen flöten geht. Denn gerade weil die beiden Versionen der Weihnachtsgeschichte so gegensätzlich sind, so penetrant Unterschiedliches betonen, bleibt im Krippenspiel davon nicht mehr viel erhalten. Kein Wunder, dass heute von Weihnachten hauptsächlich sentimentale Gefühle übrig sind und kaum mehr etwas daran stört.

**Denn das ist der Heilige Abend am langen Ende: eine klassische biblische Störgeschichte. Die ein mulmiges**

**Gefühl zurücklassen will. Weil sie auf den Kopf stellt, wie die Welt funktioniert.**

Das fällt uns kaum noch auf vor lauter Glocken und Zuckerguss. Die beiden Weihnachtserzählungen im Neuen Testament arbeiten das aber ganz deutlich heraus.

Der Evangelist Matthäus feiert die Geburt Jesu als die Geburt eines Königs. Da wird kein Stall und keine Krippe erwähnt, da gibt es nichts, was die Geburt ärmlich erscheinen ließe. Im Gegenteil. Ehrwürdige Weise kommen aus einem fernen Land, um ihm zu huldigen. Hirten treten keine auf. Natürlich nicht. Die gibt es bei Matthäus gar nicht. Die Weisen bringen kostbare Geschenke: Gold, Weihrauch und Myrrhe, wie es sich für die Geburt eines Königs gehört. Und ein Stern zeigt ihnen den Weg. Viel stattlicher geht es ja kaum – samt Lightshow der Gestirne. Die Geburt eines Königs eben. Des wahren Königs.

Der Störfaktor dieser Erzählung ist, dass dieser König weder in Rom noch in Jerusalem geboren wird. Dass er weder zur Kaste der Herrschenden noch zu der der Priester gehört, sondern bloß der Bengel von Maria und Josef ist.

Maria und Josef – *wer?*

Genau.

Herr und Frau Niemand.

Eine andere Art König eben. Abseits jeder weltlichen und religiösen Legitimation und Macht. Mit einem Reich, das, wie er später immer wieder betonen wird, eine ganz andere Art von Königreich ist, als man es erwartet. Ein sanftes, das ohne Ausbeutung und Waffen auskommt. Ein gewaltloses. In der der König der Diener aller ist.

Deswegen gibt es bei Matthäus ja auch den ganzen Krimi mit Herodes, des damaligen regionalen Machthabers, der versucht, das Baby Jesus loszuwerden. Umzubringen, um genau zu sein. Worauf die Familie nach Ägypten fliehen muss. Vermutlich mit der Hilfe von Schleppern.

Das Matthäusevangelium unterstreicht den Unterschied zwischen regulären Königen und jenem neuen gleich zu Beginn. Diese müssen durch Mord und Totschlag ihre Krone sichern, jener bleibt verletzlich – ein Flüchtling, ein Verfolgter. Und so spiegelt Matthäus schon in seiner Geburtserzählung das spätere Kreuzgeschehen und was den göttlichen König ausmachen wird: Seine Krone ist nicht aus Gold, sondern aus Dornen.

**Die Weihnachtsgeschichte, wie wir sie im Matthäus-evangelium lesen, ruft damit aller irdischen Macht und Herrschaft zu: „Zieht euch warm an, eure Zeit geht zu Ende. Der wahre König ist geboren. Und er entspricht nicht euren Erwartungen!"**

Das könnten Christen Weihnachten mal wieder lauter sagen, finde ich. Unser König trägt weder Purpur noch Prada – er kommt aus Hintertupfingen.

Die Weihnachtsgeschichte im Lukasevangelium könnte gegensätzlicher nicht sein.

Ein paar Eckdaten stimmen überein – aber das war es dann auch schon. Das ganze Setting ist ein anderes. Hier wird Jesus quasi als Bettler geboren. Es gibt keine Weisen aus dem Morgenland, die königliche Geschenke vorbeibringen. Kein Stern am Himmel zeigt den Weg. Und kein finsterer Rivalenkönig trachtet dem Baby nach dem Leben. Dagegen sind die Eltern arm, obdachlos und ohne Herberge. Sie müssen ihr Baby in einem Stall auf die Welt bringen, es in eine Krippe legen statt ins warme Bettchen. Und anstelle weiser Männer mit Geschenken bestaunen hier Hirten den Neugeborenen.

Hirten gehörten damals zum unteren Rand der Gesellschaft. Sie waren der Bodensatz, der Abschaum.

Aber genau diese werden vom Engelschor zur Geburt Gottes gerufen. Weil Gott überraschenderweise einer der Ihren ist. Jemand ohne Herberge und Bett. Wer hätte das gedacht?

Der Störfaktor dieser Erzählung ist dem von Matthäus gar nicht unähnlich, er gilt nur den umgedrehten Adressaten. „Gott hat kein blaues Blut", ruft er den Armen und Entrechteten zu. „Gott ist einer von euch! Gott ist ein Taugenichts, ein Unterdrückter, ein Gemobbter. Er liegt frierend in einer Krippe. Und wenn Gott einer von euch ist, kann nie wieder jemand behaupten, du hättest keinen Wert."

**Weihnachten sägt an dem Ast, auf dem fett die alte Ordnung hockt. So oder so eine Störgeschichte: Bedrohlich für alle auf hohem Ross – erhebend für den Bodensatz darunter.**

Und der Engelschor singt bei Lukas übrigens nicht für das Baby, sondern für die Hirten auf dem Feld. Für den Abschaum! *Die* kriegen von Engeln gesagt, dass sie sich nicht mehr zu fürchten brauchen, „weil *euch* heute der Heiland geboren wird".

Bei der Heiligen Nacht geht es nicht um weihnachtliche Gefühle. Sie spricht nicht von der Familienidylle, die wir uns heute von ihr ersehnen. Weihnachten bedeutet, dass Gott in das Chaos der Welt tritt, in den ganz normalen Wahnsinn des Lebens, um ein Teil davon zu werden. Als Baby. Wenn die antiken Götter der Welt einen Besuch abgestattet haben, dann verkleideten sie sich gerne als Menschen und taten so, als gehörten sie dazu. Aber es war vollkommen klar, dass hier die Menschen sind und dort die Götter. Die christliche Gottesvorstellung geht tatsächlich davon aus, wie Richard Rohr sagt, dass sich Gott in Jesus von der Welt un-unterscheidbar macht.

Das bringt der dritte Geburtsbericht des Neuen Testamentes besonders pointiert auf den Punkt. Das Johannesevangelium liefert nämlich die kürzeste Beschreibung der Heiligen Nacht in der ganzen Bibel. Einen Satz verliert der Autor darüber. Mehr nicht.

„Und das Wort wurde Fleisch und wohnte unter uns." Das ist alles.

Wie das vor sich ging – Geburt, Weise, Hirten, Krippe oder wie auch immer –, scheint ihn nicht zu interessieren. Er konzentriert sich ganz auf den einen Gedanken: Das ewige Wort, der Logos, ist in Jesus körperlich geworden. Und genauso, wie der König aus Hintertupfingen und der Bettlergott nicht recht ins Bild passen wollen, tritt auch diese kürzeste aller

Weihnachtsgeschichten dem entgegen, was den Religionen bisher heilig war.

Johannes beschreibt Gott zunächst so, wie die intellektuellen seiner Zeit es auch getan hätten, als „das Wort" – griechisch, den Logos. Darunter verstand man so etwas wie das ewige Lebensprinzip. Wir würden heute vielleicht Seins-Grund dazu sagen. Der Ursprung von allem. Das, was das Leben lebendig macht. Logos ist nicht irgendetwas Greifbares. Logos ist nicht materiell. Man könnte auch sagen, Gott ist nicht fassbar. Ohne Ende. Uns entzogen. Das Wahre, Ganze, Unbegrenzte.

Und das ist eine ziemlich kluge Definition von Gott, wenn man mal darüber nachdenkt. Gott ist uns entzogen. Wäre Gott das nicht, wäre es nicht Gott.

Aber dann haut Johannes diesen Hammer raus:

*„Und das Wort wurde Fleisch und wohnte unter uns."*

Dieser nicht zu fassende Logos wird Teil der dinglichen Welt. Profan. Fleisch. Ein Mensch mit dem Namen Jesus von Nazareth. Das ist ... schwierig. Ach Quatsch – das geht gar nicht. Wenn Gott Teil dieser Welt wird, ist das die realisierte Quadratur des Kreises. So als würde man sagen, fang bitte mal das Licht ein. Licht kann man reflektieren, aber nicht in einen Sack stecken. Genauso wenig kann das Unendliche endlich werden, weil es damit aufhören würde unendlich zu sein.

**Das Christentum stellt an all seinen Eckpunkten Sachen in den Vordergrund, die zumindest Achselzucken, wenn nicht Kopfschütteln hervorrufen, sobald man mal darüber nachdenkt.**

Unser Problem ist, dass wir schon so oft von dem Kind in der Krippe gehört haben, dass wir den Irrwitz dieses Gedankens nur noch am Rande wahrnehmen. Johannes versucht in diesem einen Satz die Zumutung begreifbar zu machen, die dem christlichen Glauben zugrunde liegt. Und mit Zumutung ist nicht gemeint: Das verstehen wir eben nicht, das ist ein Geheimnis, das man einfach zu glauben hat. Nein, nein.

Johannes hebt es so hervor, weil er glaubt, dass sich dadurch alles ändert.

Wenn der ewige Logos tatsächlich Fleisch geworden ist, Teil des ganz normalen Wahnsinns, den wir Welt nennen, des Staubes und der Schande, dann ist damit die Vergeistigung Gottes an ihr Ende gelangt. Dann ist Gott nicht mehr „da oben" zu finden oder „da draußen" und schon gar nicht nur dort, wo es fromm und heilig zugeht, sondern tatsächlich inmitten von allem. Nicht nur im Perfekten, sondern auch im Mittelmaß. Nicht nur wenn es gut läuft, sondern auch wenn es danebengeht. Dann gibt es keine Trennung mehr,

hier das Heilige, dort der Wahnsinn ... Hier das From-
me, das Spirituelle, das Religiöse – dort das Alltägliche,
das Unnütze, das Unbedeutende.

Nein.

**Der christliche Glaube erzählt von einem diesseitigen
Gott, der die Welt nicht bloß trotz, sondern inmitten
ihrer Schwäche liebt.**

Und dann gibt es noch eine vierte Erzählung über das
Leben von Jesus im Neuen Testament: Das Markusevangelium. Die Bibelforschung ist sich einig, dass es
der älteste von den vier Berichten sein muss. Interes-
santer Weise kommt es komplett ohne Weihnachten
aus. Kein Satz über die Geburt des göttlichen Erlösers.
Als sei die Frage, wie und wann Jesus geboren wurde, nicht von Interesse, beginnt es mit einem anderen
einschneidenden Moment in seinem Leben, mit seiner
Taufe.

Damals wurden noch keine Kinder getauft, die Taufe
war in der Art, wie viele Kirchen sie heute praktizieren,
noch gar nicht erfunden. Johannes, eine Art Prophet,
taufte damals Erwachsene in einem Fluss als Zeichen
dafür, dass sie zu einem Leben mit Gott zurückkehren
wollen. Einer davon war Jesus. Und was Jesus dabei

erlebte, muss sein Leben auf den Kopf gestellt haben. Jedenfalls ging erst danach die Geschichte des Jesus von Nazareth los, die die ganze Welt kennt.

Als er aus dem Wasser kommt, lesen wir, kam der göttliche Geist über ihn und Gott sprach zu ihm: „Du bist mein lieber Sohn, ich finde dich fantastisch."

Auch eine Art Geburtserzählung. Nur eben als Erwachsener. Vielleicht eher so etwas wie eine spirituelle Geburt? Ein geistliches Weihnachten?

Du bist mein lieber Sohn.

Ich finde dich fantastisch.

Der christliche Glaube hat in diesen Worten immer schon Gottes JA zur ganzen Menschheit vernommen. Wir sind nicht bloß Gottes Kinder, weil wir geboren wurden, sondern weil Gott es wirklich so will. Dieser Zuspruch muss nicht erworben werden, verdient durch besonders frommes Verhalten oder so. Keiner braucht sich das zu erkämpfen. Gott muss nicht erst überzeugt werden, Gott *ist* der Menschheit familiär zugetan.

**Du bist meine liebe Tochter.**
**Du bist mein lieber Sohn.**
**Du bist mein liebes Kind.**
**Ich finde dich fantastisch.**

So unterschiedlich die Weihnachtserzählungen in der Bibel sind, so sehr unterscheidet sich auch der Rest der Berichte über das Leben von Jesus. Das fällt einem auf den ersten Blick nicht gleich auf, aber wenn man genau hinsieht, bringt jeder der vier Erzähler seine ganz eigene Perspektive auf Jesus ein.

Jesus selber hat gar nichts aufgeschrieben. Auch so eine Merkwürdigkeit des christlichen Glaubens. Wenn man schon an einen Gott glaubt, der als Mensch über die Erde läuft, wieso hat der denn nicht selber Feder und Tinte in die Hand genommen, um nun endlich mal eindeutig klarzumachen, wie sich die Dinge wirklich verhalten?

Hierfür muss ich ein bisschen ausholen. Das Herzstück des jüdischen Gottesglaubens ist die Überzeugung, dass Gott unfassbar ist. Gott kann nicht gedacht werden. Gott ist nie genauso, wie irgendwer behauptet. Immer größer. Immer anders. Nie zu fassen zu kriegen. Deshalb gibt es in den Zehn Geboten das Verbot, Abbilder Gottes anzufertigen. Dahinter steht die Einsicht, dass aufgrund der menschlichen Begrenztheit jeder Versuch, Gott auf den Punkt zu bringen, scheitern muss. Bei Juden geht das so weit, dass sie sich sogar weigern, Gottes Namen auszusprechen. Aus Respekt, um deutlich zu machen, dass das, was hinter dieser Bezeichnung steht, immer geheimnisvoller ist, als einem lieb ist. Gott ist nicht auf den Punkt zu bringen oder in einen Namen stopfbar.

Die christliche Überzeugung, dass dieses ewige Geheimnis Fleisch geworden sein soll, ein Baby, ein Mensch, anfassbar, steht diesem Gedanken natürlich diametral entgegen. Man könnte auch sagen, dass die Verkörperung Gottes Christen wichtiger ist als seinen jüdischen Vorfahren. Gleichwohl möchte der christliche Glauben sich nicht vom Herzen der jüdischen Gotteserkenntnis verabschieden.

Ich denke, hier ist einer der Gründe zu finden, warum es keine Schriften von Jesus selber gibt, sondern bloß Berichte über ihn. Damit man – selbst wenn man glaubt, dass Gott in Jesus salopp gesagt Gesicht zeigt – trotzdem nie auf die Idee kommt, man könne seiner habhaft werden. Und wer sich darüber wundert, dass das Neue Testament mit vier Lebensberichten von Jesus beginnt, die sich zwar ähneln, aber auch deutlich unterscheiden, ja sich bisweilen gar widersprechen, findet darin vielleicht eine Antwort. In der Kirchengeschichte wurden, bevor das Neue Testament zusammengestellt war, immer wieder Stimmen laut, die lieber einen einzigen, harmonischen Lebensbericht ohne Unstimmigkeiten in der Bibel gesehen hätten.

Die alte Kirche widerstand dieser Versuchung. Zum Glück. Mehr als unterschiedliche Perspektiven auf Jesus gibt es nicht. Ja, Gott verkörpert sich, zeigt Gesicht, macht sich nackig – strippt, wenn man so will –, wird darin aber eben gerade nicht habhaft und auf den Punkt zu bringen, sondern bleibt das Geheimnisvolle.

Menschen, die Klarheit suchen, ein endgültiges Entweder-oder, werden sich früher oder später darüber ärgern. Und das ist gut so. Wer sich nie über Gott ärgert, kennt von Gott nicht mehr als das Bild, was er sich von Gott gemacht hat. Die vier Evangelien grätschen da mitten rein und lassen uns stolpern.

Gott sei Dank.

**Niemand kann Gott besitzen – Gott zeigt in Jesus sein Gesicht. Zwei Seiten einer Medaille. Deshalb liebe ich gerade das Unsaubere der verschiedenen Berichte, das Widersprüchliche und die Kühnheit der alten Kirche, diese auszuhalten und gerade nicht zu harmonisieren.**

Man hätte sich das als Religion definitiv einfacher machen können.

Zurück zu Weihnachten. Gott in die Welt geboren, ein König, ein Bettler, Fleisch, Mensch. Als Sohn von Herrn und Frau Niemand. Darum geht es.

Das Kind in der Krippe *kann* die Art, wie man auf die Welt und auf Gott blickt, tatsächlich auf den Kopf stellen. Man kann aber natürlich auch jedes Weihnachten bloß in die Kirche gehen und „Süßer die Glocken nie klingen" singen.

**Oder anders ausgedrückt: „Gott hat die Welt mit einem Baby erschüttert – nicht mit einer Bombe" (O-Ton eines 14-jährigen indischen Mädchens).**

# Der Gott auf dem Mofa

Wenn die Christen an Gott glauben würden, hätte man das gemerkt.

FRIEDRICH NIETZSCHE

**König. Bettler. Fleisch. Mensch.** Viel mehr verrät das Neue Testament über die Geburt von Jesus nicht.

Aber ähnlich merkwürdig gehen die Erzählungen über sein Leben weiter. Denn was folgt, ist erst mal eine Lücke von drei Jahrzehnten. 30 Jahre werden einfach ausgespart. Wenn es stimmt, dass Jesus von Nazareth ungefähr als 30-Jähriger angefangen hat zu wirken und mit 33 hingerichtet wurde, bedeutet es, dass wir von 91 % seines Lebens so gut wie nichts wissen. Eine kurze Kindheitsepisode wird noch berichtet, das ist alles ... Wie er aufgewachsen ist, worüber er mit seinen Geschwistern gestritten hat, vor welcher Eisdiele er als

Jugendlicher rumgelungert hat, ob und wann er das erste Mal betrunken gewesen ist, in welche Mädchen oder Jungs er verliebt war, welche Menschen ihn prägten, wer seine Lehrer waren, zu wem er aufschaute, ob er seinen Beruf als Zimmermann gerne mochte oder nicht, überhaupt, wie man sich Gott in einer Berufsausbildung vorstellen kann und wann er überhaupt zum ersten Mal auf den Gedanken kam, er sei der Sohn Gottes – über das alles schweigt das Neue Testament.

Noch mal fürs Protokoll: Nicht genug, dass Gott die Welt durch die Hintertür einer Stallgeburt betritt, dann lebt er über 90 % seines Lebens in einem winzigen Dorf in der galiläischen Pampa und keiner kriegt was davon mit? Als Zimmermann? 30 Jahre lang? Das ist so, wie wenn sich eines Tages herausstellen würde, dass die freundliche Kassiererin in deinem Aldi der Messias wäre.

Wer würde wohl so seine göttliche Biografie beginnen?

Du nicht und ich auch nicht.

**Der Gott, an den Christen glauben, ist ein seltsamer Gott. Er verweigert sich konsequent dem, was uns als angemessen und göttlich erscheint.**

Sicher, was wir von Jesu dreijähriger Wirksamkeit wissen (heute meinen führende Bibelwissenschaftler, dass es wahrscheinlich sogar nur ein einziges Jahr war), hat Hand und Fuß. Er war eine beeindruckende Figur, das ist keine Frage. Jemand, der etwas zu sagen hatte. Ich nehme an, dem stimmen sogar die meisten Atheisten zu. Die Art, wie Jesus mit Menschen umging, wie er von der Liebe Gottes sprach und die vielen Geschichten, die er erzählte, bezeugen das eindrücklich. Auch seine unvergessenen One-Liner:

*„Liebt Eure Feinde"*,

*„Du kannst nicht Gott dienen und dem Mammon"*,

*„Wer von euch kann durch Sorgen sein Leben auch nur um einen Tag verlängern?"*,

*„Wer ohne Sünde ist, werfe den ersten Stein"* (was für ein Satz!).

Oder: *„Was siehst du den Splitter im Auge deines Bruders und bemerkst den Balken in deinem eigenen nicht"* – um nur ein paar zu nennen.

Einmal fragte ihn einer seiner Nachfolger, wie oft man jemandem vergeben soll, ob sieben Mal ausreicht? Jesu Antwort war: Nicht sieben Mal sollst du vergeben, sondern sieben mal siebzig Mal. Das ist schon ziemlich gut, oder? Das hat Qualität. Mich lässt es jedenfalls nicht kalt. Sein bekanntester Text ist wahrscheinlich das Vaterunser – in diesen 63 Worten steckt ein ganzes Universum. Neulich diskutierte ich mit einem Freund drei Stunden über dieses Gebet. Drei Stunden! Und hinterher hatten wir immer noch das Gefühl, nur an der Oberfläche gekratzt zu haben.

Jesus konnte schon was – darüber werden wir uns nicht streiten, denke ich.

Oder wie er sich denen zugewandt hat, die am Rand standen. Denen ohne guten Ruf, den Losern und Vergessenen, den Gemobbten, Typen, mit denen wir auch heute nicht gerne was zu tun hätten. Dazu die Kranken, Frauen und Kinder, Ausländer, Nutten und Verbrecher. Darin war er unglaublich konsequent. Genauso konsequent entzog er sich allen Versuchen, religiös funktionalisiert zu werden. Er legte sich mit den Tiefgläubigen an, beschimpfte sie als Scheinheilige, als Schlangenbrut. Und wenn ihm eine Fangfrage gestellt wurde, hebelte er seine Gegner mit süffisanten Gegenfragen aus. Manchmal konnte er richtig witzig sein.

**Jesus war ein störrischer Charakterkopf mit einer unendlich tiefen Liebe zu den Menschen.**

Das alles ist natürlich kein Alleinstellungsmerkmal. Natürlich gab und gibt es immer wieder beeindruckende Persönlichkeiten auf der Welt, von denen man sich gerne etwas sagen lässt. Aber die macht man ja auch nicht gleich zu einem Gott. Und das haben die Menschen damals mit Jesus auch nicht getan. (Wie gesagt, auf den Gedanken kam man erst nach Ostern.) Mit so einem menschlichen Gott rechnete niemand.

Und genau das möchte ich deutlich machen. Gott, so wie er sich in Jesus von Nazareth zeigt, ist nicht so leicht als Gott zu erkennen – weil dieser Gott so anders ist.

Jesus liebte Zeichenhandlungen. Einmal hat er seine Nachfolger versammelt und ihnen die Füße gewaschen. Einem nach dem anderen. Damals trug man weder Socken noch Schuhe, meistens lief man den ganzen Tag barfuß. Und so schrubbte er den Dreck von ihren übel riechenden Füßen, weil seine Leute über Straßen gehen mussten, die gleichzeitig auch eine stinkende Kanalisation waren. Es gab Proteste, weil er die Rollen vertauschte. Der Meister war doch der Meister! Wenn, dann müssten doch wohl seine Füße gewaschen werden. Aber Jesus ließ sich nicht beirren. Feine Herren mögen sich bedienen lassen, sagte er, aber das hier sei seine Art zu leben: Dient einander, seid einander zugewandt, wascht einander die Füße. Niemand steht höher als ein anderer.

Ich liebe diese Geschichte. Gott macht es nichts aus, Füße zu waschen.

Und dann ritt Jesus auf einem Esel nach Jerusalem. Die Menschen jubelten ihm zu und breiteten Palmenzweige vor ihm aus, weil sie erwarteten, dass nun der Messias endlich sein messianisches Königreich aufrichten und die verhassten Römer aus dem Land jagen würde. Das war auch ein symbolträchtiger Augenblick.

Schön und gut, aber hast du schon mal gesehen, wie es aussieht, wenn jemand auf einem Esel reitet? Vergiss all die stattlichen Szenen aus Sandalenfilmen, von Königen, die hoch zu Ross herrschaftlich in eine antike Stadt geritten kommen. Ein Esel ist erst mal viel kleiner als ein Pferd. Und „stattlich" ist ganz sicher kein Adjektiv, das dir dazu einfällt. Esel tippeln so komisch, der Reiter wird die ganze Zeit durchgeschüttelt, und die laufen auch nicht richtig gerade. Man muss die ganze Zeit aufpassen, nicht herunterzufallen.

Aber genau so kommt der Messias in die Heilige Stadt. Durchgeschüttelt. Auf einem Esel. Gott fährt nicht Mercedes, sondern ein verrostetes Mofa – wer hätte das gedacht?

**Herrlich und stattlich können alle Götter – der christliche kommt mit dem Mofa.**

Und damit sind wir mit Jesus in die Stadt gekommen, in der er sterben wird.

Hier spitzt sich alles zu, der Konflikt mit der religiösen Elite, den römischen Besatzern und mit der Erwartung des Volkes, dass Gott durch ihn ein neues, herrliches Israel aufrichten würde. Nach ein paar Tagen in Jerusalem und einigen denkwürdigen Sätzen und Aktionen, die wiederum allem entgegenlaufen, was die einzelnen Gruppen von ihm erwarteten, wird Jesus verraten, gefangen genommen, verhört, verhöhnt, gefoltert und schließlich ans Kreuz genagelt.

Kreuzigung ist die Todesart, die aus römischer Sicht lediglich dem Abschaum gebührte. Es war verboten, zum Tode verurteilte römische Staatsbürger zu kreuzigen. Die wurden humaner hingerichtet. Am Kreuz hingen die, denen Rom noch im Tod jegliche Würde absprach. Der Abschaum. Der Dreck. Unwertes Leben.

Und darunter an jenem Freitag Jesus, der Mann, den Christen als Gott verehren. Gemartert. Entehrt. Ein Stück blutendes Fleisch. Mit einer Dornenkrone auf dem Kopf – um sich über den angeblichen König lustig zu machen. Noch im Tod treiben die Leute ihren Schabernack mit ihm. Verspotten ihn. Wollen sehen, ob ihm irgendeine übernatürliche Macht zur Seite springt und ihn vor dem Tod bewahrt.

Es gibt kein übernatürliches Eingreifen. Jesus stirbt allein. Seine Peiniger behalten recht.

Herrlich und stattlich können alle Götter – der christliche erstickt elendig an einem Kreuz.

**Was ist das für ein merkwürdiger Gott? Der sich nicht rettet. Der nicht triumphiert, sondern sich hinrichten lässt? Und wie um alles in der Welt konnte aus dem Glauben an so einen Gott eine Weltreligion entstehen? Das ist doch absurd.**

Die Evangelien in der Bibel schildern das alles sehr ausführlich, berichten, dass Jesus noch für seine Peiniger betet, kurz bevor er stirbt. *„Vater vergib ihnen, denn sie wissen nicht, was sie tun"*, soll er gesagt haben. Und dann stirbt er mit der einsamsten Frage auf den Lippen, die man sich vorstellen kann: *„Mein Gott, mein Gott, warum hast du mich verlassen?"* Und spätestens hier wird endgültig klar, dass, sollte dieser Mensch tatsächlich Gott repräsentieren, alles, aber auch wirklich alles, was wir je über Gott gedacht haben, an sein Ende gekommen ist.

Das Kreuz ist der Dreh und Angelpunkt des christlichen Glaubens. Wenn es ein Symbol für die Merkwürdigkeit dieser Religion gibt, dann dieses.

# Ist das Gott oder kann das weg?

Als Jesus den Jüngern die
Bedeutung seines Todes
erklären wollte, gab er ihnen
keine Theorie, sondern
ein Essen.

N. T. WRIGHT

**Etwa um 30 nach unserer Zeitrechnung** trafen sich die ersten Christen in ihren Häusern, um miteinander Brot und Wein zu teilen. In diesem Ritual, das wir heute Eucharistie oder Abendmahl nennen, feierten sie den grausamen Tod von Jesus aus Nazareth. Einem bis dahin relativ unbekannten jüdischen Wanderprediger, der nicht lange zuvor von den Römern grausam gefoltert und hingerichtet worden war. Eines von vielen Opfern der römischen Gewaltherrschaft. Das Brechen des

Brotes symbolisierte für die Christen das zerbrechende Leben von Jesus, der Wein dessen am Kreuz vergossenes Blut. Manche von ihnen hatten Jesus noch als Rabbi gekannt und waren mit ihm durchs Land gezogen. Nun begannen sie, ihn Sohn Gottes zu nennen, weil sie zu der Überzeugung kamen, dass er mehr als ein Mensch gewesen sein muss. Die Heimkehr Gottes. Das Gesicht Gottes auf Erden. Die Gestalt Gottes in der Welt.

Und so sprachen sie von ihm als dem Sohn Gottes, dem Kyrios (griechisch: dem Herrn), dem Erlöser der Welt. Gleichzeitig scheuten sie sich nicht, ihn ihren Bruder zu nennen, und redeten sich auch untereinander als Brüder und Schwestern an. Die Familie eines hingerichteten Gottes.

Sie feierten seinen Tod, in dem sie sich im Ritual mit dessen Sterben verbanden. Es in sich aufnahmen. Heute würden wir vielleicht sagen, es verstoffwechselten. Brot und Wein, Leib und Blut ihres gefolterten Gottes. Lass dir das mal auf der Zunge zergehen. Ein Ritual, zur Erinnerung an den Tod Gottes ...!

**Viel merkwürdiger kann eine Religion nicht werden, oder? Es ist die einzige Religion, die das Scheitern ihres Gottes zum Dreh- und Angelpunkt ihres Glaubens erklärt.**

Manchmal erntet man Unverständnis, wenn man Jesus als den wahren Gott bezeichnet. Mit Jesus als einem von vielen Wegen haben die wenigsten ein Problem. Aber *der* Weg? Da runzeln doch viele die Stirn. Wir können es drehen, wie wir wollen, das Neue Testament hält Jesus Christus für jemand Einzigartigen. Exemplarisch seien hier drei Verse genannt, die das belegen:

*„In keinem andern als Jesus ist das Heil, auch ist kein andrer Name unter dem Himmel den Menschen gegeben, durch den wir selig werden sollen"* (Apostelgeschichte 4,12).

*„Jesus spricht zu ihm: Ich bin der Weg und die Wahrheit und das Leben; niemand kommt zum Vater außer durch mich"* (Johannes 14,6).

*„Der römische Hauptmann aber, der dabeistand und sah, wie Jesus starb, sprach: Wahrlich, dieser Mensch ist Gottes Sohn gewesen!" (*Markus 15,39).

Damit ist natürlich nichts bewiesen. Erst mal ist das ja nicht mehr als religiöse Rhetorik. Messianische Stimmungsmache. Der Chor euphorisierter 1. FC-Jesus-Fans – schon klar. Nur weil irgendwer Donald Trump für den Retter Amerikas hielt, heißt das noch lange nicht, dass er es auch tatsächlich gewesen ist.

Was vielen nicht bewusst ist: Es waren weder Jesus noch die ersten Christen, die die Bezeichnung „Sohn

Gottes" zum ersten Mal gebrauchten. Auch „Retter der Welt" und „Kyrios" (also der Herr) sind keine von Christen erfundenen Titel.

Sie sind allesamt dem römischen Kaiserkult entlehnt.

Julius Cäsar war der erste römische Herrscher, der als Gott verehrt wurde. Auf einer ihm gewidmeten Inschrift aus dem Jahr 49 vor Christus, die in Ephesus gefunden wurde, wird er als der „sichtbar erschienene Gott und allgemeine Retter des menschlichen Lebens" gerühmt. Von seinem Adoptivsohn und Thronfolger Augustus gibt es eine ähnliche erhaltene Inschrift, in der er als „der geborene Zeus und der Retter der Menschheit" gepriesen wird. „Der sichtbar erschienene Gott"? „Der Retter der Menschheit"? „Der Sohn Gottes"? Das kommt einem bekannt vor, oder? 80 bzw. 20 bis 30 Jahre bevor Jesus überhaupt gekreuzigt wurde. Von Römern gekreuzigt wurde.

Was war der Inbegriff des römischen Kaiserkultes? Stärke. Erfolg. Reichtum. Macht.

Wie zeigte sich diese Gottheit? Durch militärische Siege und Triumphzüge, in denen die Feinde gedemütigt und vorgeführt wurden. Durch Gold und Glanz. Triumph und Schönheit. Herrlichkeit und Dekadenz.

Im Grunde genauso, wie man sich seit jeher die

Götterwelt in allen Religionen vorstellte. Auch in der jüdischen. Immer thront die Gottheit umgeben von mächtigen Cherubinen in Licht und Herrlichkeit und Kraft. Fernab des menschlichen Schmutzes und Schmerzes. Ihre Insignien sind Macht und Unbesiegbarkeit. Und im römischen Kaiserkult wurde dies alles nun in einem Menschen angebetet.

Und den Christen fiel nichts Besseres ein, als ihren gekreuzigten Sklavengott mit eben jenen Titeln zu verehren? Sohn Gottes? Retter der Welt? Kyrios?

Genau!

**Es wird immer wieder behauptet, Jesus sei kein politischer Messias gewesen. Das Gegenteil ist der Fall. Er ist der komplette Gegenentwurf zu allem, was den damaligen Mächtigen heilig war. Die Umwertung aller ihrer Werte.**

„Seht die Herrlichkeit des Sohnes Gottes", rufen die römischen Priester, „wie stark, mächtig und reich unser Cäsar ist."

Und die Christen antworten: „Seht den wahren Sohn Gottes, nackt in einer Krippe kauern und später hilflos im Staub, ausgepeitscht und nicht mal fähig, das eigene Kreuz zu tragen."

„Seht den Herrn an, unseren Kyrios, den Retter der Erde", verkünden die Priester Cäsars. „Preist ihn, der seine Feinde mit Macht zerquetscht!"

Und die Christen antworten: „Seht den wahren Retter der Welt, preist den Herrn, der sich von seinen Feinden zerquetschen lässt."

Und auch wenn eine gewisse Polemik im christlichen Gebrauch der römischen Gottestitel nicht zu überhören ist, hat das mit Sarkasmus wenig zu tun. Die Christen feierten täglich den Tod ihres Gottes mit Brot und Wein. Sie waren tatsächlich davon überzeugt, dass in dessen armseliger Geburt und schwächlichem Tod am Kreuz mehr Gott zu finden war als in allem Glanz und Gloria Roms.

Für die römische Religion klang das natürlich vollkommen absurd. Wie eine Torheit. Dumm. Ein Gekreuzigter – Gottes Sohn? Bullshit! Dreck unter dem Fingernagel Roms – der Kyrios des Universums? Einfach lächerlich! Unserer kapitalistischen Ersatzreligion geht das heute ja nicht anders. Scheitern ist weder hier noch dort vorgesehen. Und schon gar nicht göttlich zu nennen. Wer scheitert, ist raus. Dem wird nicht mehr zugehört. Über den werden Witze gerissen.

Warum also feiern Christen einen Gott, der sich besiegen lässt?

Weil sich hier festmacht, dass Gott auf der Seite der Schwachen steht.

Jesus sprach wieder und wieder davon: Gott ist bei den Verlierern und nicht bei den Gewinnern. Krippe und Kreuz geben diesen Sätzen ein Gesicht. Wenn Jesus Christus tatsächlich der fleischgewordene Gott ist, dann zeigen seine Geburt im Stall und sein elender Tod am Kreuz ein für alle Mal:

**Gott selbst ist einer von den Entrechteten, von den Verstoßenen und Gemobbten. Er mag diese Leute nicht nur – er gehört zu ihnen.**

Der wahre Gott beugt sich nicht bloß gönnerhaft aus seinem goldenen Himmel, wie der Sohn Gottes aus Rom das vielleicht tat, wenn er gute Laune hatte und einem Armen ein Stück Brot hinwarf.

Nein.

Der Gott, an den Christen glauben, *ist* einer dieser Armen.

Die Krippe und das Kreuz entlarven das schale Feuerwerk der Glanz-&-Gloria-Religion und zeigt, dass es nie mehr als Camouflage sein kann. Schall und Rauch. Brot und Spiele. Und das ist auch für uns wichtig. Sicher, wir beten keine Cäsaren mehr an. Aber Stärke und Erfolg,

Reichtum und Macht, Gesundheit und Glanz. Letztlich sind das die Götter aller Tage.

Deshalb macht „Solus Christus", wie Martin Luther es ausdrückte („Allein durch Christus finden wir Gott"), für mich Sinn. Weil es hier eben um ein grundverschiedenes Gottesverständnis geht. Ich glaube nicht an Christus, weil er mächtiger ist als alle anderen Götter, sondern weil er freiwillig den Kürzeren zieht. Das gibt es nicht noch einmal.

**Ein Gott, in einem Stall geboren und nicht in einem Palast, der durchbohrte Hände trägt statt teure Ringe, Peitschenhiebe anstatt Haute Couture und eine Dornenkrone statt Heiligenschein.**

Es ärgert mich, wenn unsere Lieder im Gottesdienst hauptsächlich die Herrlichkeit und Schönheit Gottes besingen. So Lieder wie „Du bist groß, du tust große Wunder, groß, niemand anderes ist wie du ...!" Warum singen wir das nicht andersherum: „Du bist klein, unbedeutend, allein, wer ist ohnmächtig wie du? Niemand anderes ist wie du ...!"

Noch mal, Herrlichkeit können alle Götter. Das ist wirklich nichts Besonderes.

Es ist schon richtig, auch das Lob der Größe Gottes hat seinen Platz im Glauben. Auch das finden wir in der Bibel. Aber wir sollten dabei nie vergessen, dass der Gott, dem wir singen, das Antlitz eines Gekreuzigten hat. In der Offenbarung des Johannes gibt es diese pompösen Kapitel, in denen uns der Thronsaal Gottes vor Augen geführt wird mit Gold und Smaragden, Engeln und Donnern und Blitzen und Puff und Peng. So glamourös, wie es bei einem Gott eben zugeht. Und alle Anwesenden fallen ständig nieder und rufen „Heilig, heilig, heilig" oder singen „Lob und Ehre und Weisheit und Dank und Preis und Kraft sei unserem Gott von Ewigkeit zu Ewigkeit".

Aber dann schwenkt die Kamera und wir sehen, wem da auf dem Thron gehuldigt wird:

einem Lamm.

Bei Christen sitzt eben nicht Cäsar auf dem Thron, sondern ein geschlachtetes Lamm.

Die Schwäche Gottes können wir ruhig öfter besingen, finde ich. Die macht den christlichen Glauben an Gott einzigartig.

Was den Glauben an einen gekreuzigten Gott außerdem besonders macht, ist, dass darin das Absurde nicht länger ausgesperrt wird. Das Christentum ist die einzige Religion, die nicht nur feiert, dass ihr Gott stirbt, sondern mit dem Karsamstag einen ganzen Tag dafür reserviert, dass dieser Gott auch tatsächlich tot ist.

Wer kommt auf so etwas, bitte schön? Darum geht es im nächsten Kapitel.

Ich hoffe, du kriegst ein bisschen ein Gefühl dafür, wie einzigartig der christliche Glaube ist. *Wie* merkwürdig. Das gibt es kein zweites Mal. „*Wir aber predigen Christus, den Gekreuzigten, den Juden ein Ärgernis und den Heiden eine Torheit*", schmettert der Apostel Paulus im Brief an die Korinther. Den Juden ein Ärgernis und den Heiden eine Torheit – schon damals fanden die Menschen es nicht nur merkwürdig, was Christen glaubten, sondern geradezu ärgerlich und dumm. Es passte nicht in ihr Schema von Gott. „*Denen aber, die berufen sind, Juden und Griechen, predigen wir Christus als Gottes Kraft und Gottes Weisheit. Denn die göttliche Torheit ist weiser, als die Menschen sind, und die göttliche Schwachheit ist stärker, als die Menschen sind*", fährt der Apostel fort (1. Korinther 1,23–25).

**Hier geht es nicht darum, wie vernünftig oder unvernünftig der christliche Glaube ist, es geht um die Frage, ob wir Cäsar folgen wollen oder Jesus?**

Um die Frage, ob wir uns mit der Schwachheit Gottes identifizieren und wie er bei den Ausgestoßenen, den Nervigen und Uncoolen, den Gemobbten, Getretenen und Vorgeführten bleiben oder ob wir letztlich doch glauben, dass Gott Stärke und Erfolg belohnt?

Jesus oder Cäsar?

Wem folgen wir?

Einem Gott, der sich mit den Entrechteten von der Krippe bis in den eigenen Tod verbindet, oder einem Märchenonkel-Gott, der gefälligst mit nichts anderem beschäftigt sein soll, als mir mein Leben mit Brot und Spielen zu versüßen?

Und machen wir uns nichts vor, oft liegt uns Cäsar näher als Jesus.

*„Aber die göttliche Torheit ist weiser, als die Menschen sind, und die göttliche Schwachheit ist stärker, als die Menschen sind."*

Wie schräg ist das, wenn der christliche Glaube tatsächlich davon ausgeht, dass nicht Macht Stärke ist, sondern Schwachheit? Und werden einem Gedanken, wie sein Leben für andere hinzugeben und Feinde nicht zu besiegen, sondern zu lieben, im Ernstfall nicht lächerlich vorkommen?

Ist es wirklich weiser, gemeinsam zu verlieren, statt alleine zu gewinnen?

Daran glauben Christen.

Und daran erinnert uns das Abendmahl – damit wir es nicht vergessen.

„Damit verkünden wir den Tod des Herrn", heißt es in den Einsetzungsworten.

Ja, was verkünden wir denn mit dem Abendmahl?

Weihnachtlich ausgedrückt spricht es von einem Gott, der die Welt der Thronsäle hinter sich gelassen hat, um sich in der tatsächlichen Welt zu verkörpern. Gott behaust keine vornehmen und auch keine akademischen Gedanken, Gott wohnt nicht in der Welt der Ideen, sondern in der echten. In der schlichten Weltlichkeit eines Stück Brots und eines Schluck Weins.

Außerdem ist das Abendmahl natürlich ein Symbol für einen Gott, der leidet. Wenn wir das Brot brechen, erinnern wir uns daran, dass sich der Gott, an den wir glauben, lieber foltern lässt, statt zurückzuschlagen. Und wenn wir den Wein trinken, dass dieser Gott lieber verblutet, als aufzuhören, seine Menschen zu lieben.

Kurz gesagt, dass Gott nicht wie Cäsar aussieht – sondern wie Jesus. Damit verbinden wir uns im Abendmahl. Das suchen wir zu „verstoffwechseln".

# Gott ist tot

Und Josef nahm den Leib
und wickelte ihn in ein reines
Leinentuch und legte ihn in
sein eigenes neues Grab, das
er in einen Felsen hatte hauen
lassen, und wälzte einen
großen Stein vor die Tür des
Grabes und ging davon.

MATTHÄUS 27,59–60

**Der christliche Glaube** beginnt mit dem Tod Gottes.

Gott ist tot. Begraben. Hinter einem großen Stein.
Was soll man da noch machen? Viel mehr als davonzu-
gehen, fiel dem Mann, dem das Grab gehört hat, nicht
ein. Und mir ehrlich gesagt auch nicht.

Was ist das Christentum nur für eine merkwürdige Religion? Sie feiert nicht nur, dass ihr Religionsstif-
ter einen der grausamsten Tode stirbt, den man sich

vorstellen kann, sondern auch, dass Gottes Hilfe ausbleibt …

*„Mein Gott, mein Gott, warum hast du mich verlassen"* sind laut zwei Evangelien die letzten Worte von Jesus am Kreuz. Gott hilft einfach nicht. Und als ob das nicht genug wäre, feiert sie schließlich, dass es Gott selbst ist, der da gottverlassen am Kreuz mit der Frage auf den Lippen ringend erstickt, warum Gott nicht hilft. Die Quadratur des Kreises. Und als ob das immer noch nicht genügt, richtet sie mit dem Karsamstag sogar einen eigenen seltsamen Feiertag dafür ein, dass Gott auch tatsächlich tot ist.

Nicht nur das Sterben Gottes soll nicht vergessen werden, sondern auch dass Gott tatsächlich weg ist. Hinüber. Mausetot. Dass der Stein vor das Grab gewälzt wurde und einem in all der Gottverlassenheit nichts anderes übrig bleibt, als sich davonzustehlen.

Gott ist tot. Und wir haben ihn getötet – wie Friedrich Nietzsche lakonisch hinzugefügt hat. „Doch nachts, wenn ihn niemand sieht, schleicht der Mensch an das Grab seines Gottes. Dort vergießt er seine Tränen, denn er weiß, was er verlor."

Und wenn dir jetzt in der wohligen Weihnachtszeit langsam mulmig wird, weil das doch allzu düster ist und du den Impuls verspürst anzufügen, dass doch aber noch die Auferstehung folgt, so bitte ich dich: Spring nicht zu schnell zum Sonntag. Bleib mit mir mal beim Karsamstag – noch *ist* Karsamstag. Noch feiern wir das volle Grab.

Die Dunkelheit.

Das „Wo bist du, Gott?".

Die Nacht der Gottverlassenheit. Dass Gott nicht hilft. Diesen nihilistischen Akzent des christlichen Glaubens.

Kürze den Karsamstag nicht allzu schnell ab. Halte das mal aus. Wir haben uns doch auf den Weg gemacht, das Irritierende des Glaubens an Jesus aufzuspüren. Der christliche Glaube fängt also mit dem Tod Gottes an. Mit einem Gott, der nicht hilft.

Ich bezeichne mich manchmal als christlichen Agnostiker. Als einen Christen, der nicht weiß, ob es Gott wirklich gibt. Gleichzeitig bin ich jemand, der viel über den Glauben nachdenkt, über das Für und Wider. An manchen Tagen fällt mir das Glauben leicht und an anderen glaube ich gerade mal, dass der Glaube an Gott vielleicht eine gute Idee ist. Aber was mich dann immer wieder dazu bringt, doch diesen Schritt weiterzugehen, ins Vertrauen, ins Mich-Anvertrauen, ist tatsächlich das Kreuz und der Karsamstag. Es ist diese Andersartigkeit, in der der christliche

Glaube von Gott spricht. Diese komplett „andere Art" Gott.

Wir haben ja schon gesehen, dass die Götter seit jeher für all das standen, was man mit Macht und Stärke verbunden hat. Gott, das war all das, was wir Menschen nicht können. Die Götter rief man um Hilfe an. Die Götter konnten machen, dass du reich wirst. Dass du gesund bist, Erfolg hast, dass dir dein Leben gelingt. Gott war erhaben, schön, mächtig und groß. Gott thronte über den Dingen. Schau dir die Tempel und Kirchen der Religionen an, da geht es immer darum, anschaulich zu machen, wie herrlich und mächtig die entsprechende Gottheit ist.

Darum haben die Römer die Christen auch ausgelacht, als die mit ihrem gekreuzigten Gott daherkamen. Gekreuzigt? Die römischen Götter fuhren auf Streitwagen durch die Himmel, warfen mit Blitzen um sich und gewannen Kriege. Zu solchen Göttern lohnte sich das Beten. Die konnten was. Und da kamen die Christen mit einem Gott, der sich jämmerlich ans Kreuz hatte nageln lassen? Bitte? Und als wäre das nicht schlimm genug, hätte er doch wenigstens wieder vom Kreuz heruntersteigen können, um zu zeigen, wer hier die Hosen anhat, oder?!

Das hätte den Göttern Roms gefallen, wenn Gott

kurz vor Schluss den Himmel aufgerissen und eine Horde Engel geschickt hätte, die den Gemarterten vom Kreuz befreien. Ein göttliches GSG 9-Kommando. Und ein Jesus, der dann ruft: „Seht ihr, ich hatte doch recht, *Bitches*!", und der lachend all die Spötter um sich herum mit einem glühenden Laserstrahl aus dem Mund niederstreckt. Godzilla-Jesus – *das* wäre was gewesen!

Das ist ja der Gott, den jeder gerne hätte. Den Rettung-in-letzter-Sekunde-Gott. Wir stehen kurz vor der Scheidung, sprechen ein Gebet und auf einmal wird alles doch noch wieder gut. Unser Kind hat eine schreckliche Krankheit und wird in letzter Sekunde wie durch ein Wunder geheilt. Der Gerichtsvollzieher steht vor der Tür, um unser Haus zu pfänden, und plötzlich sagt er, er habe sich geirrt und überweist uns obendrein noch den doppelten Betrag ... Ja, es gibt solche Geschichten. Und wir alle wollen so einen Ausgang natürlich lieber öfter als weniger haben. Natürlich. Ist doch klar.

Stattdessen erzählt der christliche Glaube von einem Gott, der elendig stirbt und begraben wird. Und so einen Gott verehren Christen?

Das ist heute noch genauso absurd wie damals.

Wer kann so einen Gott gebrauchen? Wer wünscht sich nicht einen mächtigen Gott, der uns das Happy End beschert? Dass wir erfolgreich sind und einen tollen Partner finden. Einen Gott, der uns ein langes, gesundes Leben garantiert. Der uns mit einer rundum liebenswerten Familie versorgt. Und bei dem man sich am besten alles bestellen kann, was man sich wünscht. Kurz, einen Gott, der macht, dass das Leben, was wir auf Instagram posten, auch tatsächlich wahr wird.

Aber doch bitte nicht so einen Harz-IV-Lumpen am Kreuz.

Okay, vielleicht ist das überzogen. Aber nicht viel. Ich sehe tatsächlich nicht, dass sich da viel geändert hätte. Wir wollen von unseren Göttern und Ersatzgöttern dasselbe wie die Menschen seit eh und je. Wir können gar nicht anders. Die sollen uns gefälligst den Hintern retten und am besten noch einen Lottogewinn drauflegen!

Und natürlich funktioniert Religion immer auch ganz wunderbar als Abgrenzungssystem. Ich kann mit ihr einteilen, wer zu den Gesegneten gehört und wer nicht. Wer drin ist, und wer draußen. Unter dem Deckmantel der Rechtgläubigkeit lässt sie sich problemlos dazu missbrauchen, mein Bedürfnis zu befriedigen, richtiger zu sein als mein Nachbar, besser oder frömmer. Angesehener, weil ich mich wohlverhalte und er nicht. Oder als besonders gesegnet zu gelten mit einem Leben, nach dem sich andere die Finger lecken.

Heuchelei ist da vorprogrammiert. Und Christen brauchen nicht zu denken, das beträfe sie nicht. Jesus geriet mit solchem „frommen Anstrich" ständig aneinander. Ich kenne niemanden, der hier mit dem Finger auf andere zeigen könnte.

**Auch deshalb fasziniert mich der gekreuzigte Gott. Weil hier alles auf den Kopf gestellt wird. Weil dieser Gott aus dem ganzen Zirkus aussteigt und sich hinrichten lässt. Aussteigt aus der Rechthaberei, der moralischen Überlegenheit und Ausgrenzung anderer und auch aussteigt aus der Jagd nach dem Glück.**

Weil dieser Anders-Gott stattdessen „Mein Gott, mein Gott, warum hast du mich verlassen" ruft. Weil sein Statement Dornenkrone statt Dominanz ist. „Vater vergib ihnen" anstelle von allmächtiger Zurechtweisung. Jesus steigt tatsächlich aus dem Zirkus aus, lässt die Jagd nach dem Glück los und stirbt.

Das Problem mit den Glücksgöttern ist ja, egal, wie sie heißen, dass sie nie halten, was sie versprechen. Zum einen werfen die gar nicht mit Lottogewinnen um sich. Und auch nicht mit der Garantie auf Schmerzfreiheit. Oder mit einem tatsächlichen Ende der Angst. Und zum anderen stellt sich heraus, wenn uns das

Glück dann wirklich mal trifft, dass es uns gar nicht heil und vollständig macht. Die Jagd geht immer weiter.

Wir dachten, wir brauchen Sex, um glücklich zu sein. Aber das stimmte gar nicht. Sex ist schön, aber er macht uns nicht glücklich. Sex macht uns nicht heil. Und so denken wir, wir brauchen noch mehr Sex oder probieren es mit irgendetwas anderem. Die Jagd geht weiter. Immer weiter. Setze ein, was dein Ding ist. Was dein Hamsterrad antreibt. Wie deine Religion heißt. Es funktioniert nicht. Die Götter halten nicht, was sie versprechen. Und das ist ja nur der oberflächliche Kram. Ganz tief in uns drinnen sehnen wir uns danach, ganz zu sein, heil, vollständig. Wir wollen, dass Gott uns rettet. Doch das klappt so nicht. Denn die Realität ist eben, dass Gott auch schweigt. Dass uns keine rettenden Engel mit Laserstrahlen zur Seite springen.

Oft genug funktioniert Gott nicht so, wie wir uns das vorstellen oder wünschen. Warum? Weil so ein Märchen-Onkel-Gott eine Illusion ist. Eine Vertröstungsmaschine. Egal wie viele Ratgeber oder Sekten das Gegenteil behaupten.

Jeder kennt solche gottverlassenen Augenblicke. Wenn klar wird, dass es mit dem Leben nicht so einfach ist. Wenn etwas in uns schreit: „Mein Gott, mein Gott, warum hast du mich verlassen?" Wenn wir zu Opfern geworden sind von uns selbst oder von anderen. Und Gott scheinbar nicht helfen möchte.

Beim ersten Mal, als ich so einen Moment erlebte, war ich 14. Ich hatte mich erst einige Wochen zuvor zu Jesus bekehrt und war ganz erfüllt von diesem neuen Glauben. Wenn ich ein Problem hatte, betete ich. Und glaubte, dass Gott das schon irgendwie richten würde.

Ich habe als Jugendlicher gestottert. So richtig. Oh, ich kann gar nicht beschreiben, was in mir vorging, wenn wir in der Schule der Reihe nach etwas vorlesen sollten, wie sich alles in mir verkrampfte, je näher der Moment kam, wenn ich an der Reihe sein würde. Schüler um Schüler. Platz um Platz. Und als es so weit war, hing ich meistens gleich im ersten Satz. Natürlich. U-u-und hing und hing u-u-und hing. Irgendwann fingen meine Klassenkameraden dann verstohlen an zu lachen. Und ich tat so, als merkte ich es nicht. Es war mir so peinlich. Aber meine Strategie war „Augen zu und durch". Überhaupt war es das Schlimmste, wenn mich irgendwer auf das Stottern ansprach. Das ging gar nicht. Ich wusste dann nicht mehr wohin mit mir und meiner Scham.

Und dann saß ich eines Tages bei einer guten Freundin mit noch ein paar anderen Leuten. Und wollte etwas Wichtiges erzählen. Und hing wieder an irgendeinem Wort und kam und kam nicht weiter. Minutenlang. Mir wurde immer heißer, was dazu führte, dass ich umso mehr stotterte. Und irgendwann entlud sich die Spannung im Zimmer im schallenden Gelächter meiner Freunde. Die konnten nicht anders, es platzte förmlich aus ihnen heraus. Ich wäre am liebsten im Boden versunken, so schlimm war das für mich. Ich weiß, sie meinten es nicht böse, und trotzdem war es für mich so verletzend. So erniedrigend. Das waren doch meine Freunde!?

Als ich an dem Tag nach Haus kam, kniete ich mich vor mein Bett und heulte mir die Augen aus dem Kopf. Ich war so verzweifelt und flehte Gott an, er möge mir das Stottern wegnehmen, mich davon heilen. Das konnte er doch, oder etwa nicht?

Aber nichts geschah.

Der Himmel blieb dunkel und Gott stumm.

Ich stotterte noch viele Jahre weiter. Das war so ein furchtbarer „Mein Gott, mein Gott, warum hast du mich verlassen?"-Moment für mich. Der erste, an den ich mich bewusst erinnere, aber nicht der letzte. Und bevor jetzt irgendwer sagt: „Aber du stotterst heute doch fast gar nicht mehr. Gott *hat* dein Gebet doch erhört!" Ein 14-jähriger Junge sehnt sich nicht danach, dass Gott ihn irgendwann einmal von seiner Scham erlöst und schon gar nicht 15–20 Jahre später.

Der Gott, der mein Leben in Ordnung bringt, hatte an diesem Tag anscheinend schlicht und ergreifend anderes zu tun. Wie gesagt, es gab noch einige solcher Momente, der schwere Schlaganfall meines Vaters ein Jahr später, von dem er sich nie wieder erholte und den meine Gebete nicht zu heilen vermochten. Der Tod meiner Tochter Juni, den Gott nicht verhindert hat. Um nur die ganz harten Brocken zu nennen.

Jeder kennt solche Augenblicke der Verzweiflung, wenn dein Leben nicht so funktioniert wie gedacht. Wie abgemacht. Jeder kennt das „Wo bist du?". Das „Mein Gott, mein Gott, warum hast du mich verlassen?".

Ich hoffe, du verzeihst mir, dass ich dich auf diesen dunklen Weg mitnehme. Es ist vielen Menschen heute nicht mehr bewusst, aber in früheren Zeiten wurde auch die Adventszeit als Fastenzeit begangen. Also als eine Zeit, in der man ganz bewusst Verzichten übte. Um sich daran zu erinnern, dass die Ankunft Gottes in der Welt auch etwas damit zu tun hat, dass sich Gott oft nicht so leicht finden lässt, wie einem das lieb wäre. **Früher war nicht einfach nur mehr Lametta.**

Denn die Geschichte vom Gott in der Krippe und später die vom Gott am Kreuz ist eben keine schöne. Und der Moment, als er so mausetot in ein Grab gelegt wird, bei dem einem nicht mehr viel bleibt als das Weite zu suchen, ist ja noch schlimmer. Wenn jemand das Christentum eine Vertröstungsreligion nennt, dann frage ich mich immer, ob derjenige schon mal über den Karsamstag nachgedacht hat. Vertröstung? Gott ist tot. Und zwar richtig. Aus. Finito. Vorbei. Klappe zu, Gott tot, Stein drauf. Fertig.

Das entspricht der Lebensrealität vieler Menschen. Das Leben kann so furchtbar und verstörend sein. Und das Christentum lächelt das gerade nicht weg, sondern versucht auch den Karsamstag auszuhalten:

Das Absurde, Unverständliche hat im christlichen Gott Platz.

Im Sterben Gottes geschieht eine ganze Menge. Das ganze Neue Testament versucht darüber nachzudenken, was da alles passiert ist. Ein Leben reicht nicht, um das zu ergreifen. Mir geht es an dieser Stelle um diesen einen, schwer zu akzeptierenden Gedanken, dass Gott hier tatsächlich die Vorstellung zu Grabe trägt, er habe irgendetwas mit Herrlichkeit und gelingendem Leben zu schaffen. Wenn ihn das interessieren würde, gäbe es das Kreuz nicht. Wenn Jesus schreit: „Mein Gott, mein Gott, warum hast du mich verlassen?", macht er zweierlei deutlich: Den Gott, den wir gerne hätten, gibt es nicht. Der Gott, der unser Glück garantiert, ist Bullshit. Eine Erfindung. Der Gott, der noch in jedem letzten Augenblick mit dem Finger schnippen und Legionen Engel vom Himmel schicken wird, die dich vom Kreuz herunterholen, ist nicht mehr als ein Marketinggag unserer Wunschvorstellungen. Den gibt es nicht. Gab es nie.

Und zum anderen sagt der christliche Glaube damit aber auch, dass Gott gerade da ist, wo er nicht ist. Denn da hängt er ja, mitten im „Mein Gott, mein Gott, warum hast du mich verlassen?"! Gott trägt tatsächlich eine Dornenkrone. Gott ist tatsächlich nackt. Gott ist tatsächlich gottverlassen. Er ist so anders.

**Gott mag dein Instagram-Leben egal sein. Aber du bist es ihm nicht. Wenn dein Leben bricht, sodass du nur noch schreien kannst, schreit Gott in dir.**

Aller Schmerz, den du verspürst, ist tatsächlich ein Teil Gottes. Es gibt keine Gottesferne, weil Gott auch dort ist, wo er eigentlich gar nicht sein dürfte. Wo die Schauspielerei aufhört, das So-tun-als-ob, schneller, frömmer, weiter als andere zu sein. Mitten im realen

Schmerz. Gott hat nichts mit Prestige und Ansehen zu schaffen. Sondern mit dir, wie du wirklich bist.

Und um das ein für alle Mal deutlich zu machen, festzunageln, stirbt er am Kreuz und lässt sich in einem Grab verscharren. Das ist der Gott, an den Christen glauben – der Anders-Gott. Der Gott des Karsamstags. Der Gott der Gott-ist-tot-Gläubigen. Das ist der Gott, der aus einem Agnostiker wie mir immer wieder einen Christen macht.

Und ja, mir ist klar, dass damit nicht alles über Gott gesagt ist.

Auch nicht über das Kreuz.

Und dass Fragen offenbleiben. Aber warum stört uns das? Ist das Kreuz nicht die Frage schlechthin? Und „Mein Gott, mein Gott, warum hast du mich verlassen?" ihre Grundmelodie?

Und so beginnt der christliche Glaube mit dem Tod Gottes. Mit einem Gott, der in ein Grab gelegt wird. Ad acta.

**Doch dann geht ein Raunen um. Ein Flüstern.**
**Erst zaghaft, dann immer lauter.**
**Er sei auferstanden, vernimmt man.**

Der Mann mit der Dornenkrone. Der nackte, gekreuzigte.

Der, den Gott verlassen hatte.

Das Grab sei leer. Der Tod habe ihn nicht halten können. Der Ort, an dem Gott nicht ist, das Ende von allem, liege ihm nun zu den durchbohrten Füßen.

Die Menschen, die das hörten, begannen zu lächeln.

Und dann begannen sie zu lachen.

Erst leise, dann immer lauter.

Und sie weinten Tränen der Freude.

Wenn den Anders-Gott das Grab nicht halten konnte, dann ist Gott vielleicht tatsächlich so anders. Dann ist das Hamsterrad zerbrochen und die falschen Götter entlarvt.

Dann ist die Religion an ihrem Ende, und ich kann zu Gott kommen, wie ich bin.


„Und wo ist er jetzt?", mag man fragen.

Sie sagen, er lebe in denen, die sich an seinen Tod erinnern, die das Brot brechen, den Wein trinken – das Zeichen seines vergossenen Lebens. Damit nie wieder vergessen wird, wie anders Gott ist.

In den Menschen, die ihre Kronen gegen Dornenkronen tauschen, so wie er es vorgemacht hat.

Die sich nackt und verwundet treffen und ihr Leben teilen mit allem Schmerz und aller Freude.

Allem Glauben und Zweifeln.

Ohne Oben und Unten, als Brüder und Schwestern des Gekreuzigten, die glauben, dass im Anders-Gott für jeden Platz ist, weil er nichts als Lieblingskinder hat.

Und die das Leben lieben, weil ihr Gott sogar an den Orten ist, an denen er nicht ist.

Und um zu zeigen, dass sie mit ihrem Anders-Gott daran glauben, dass die Liebe stärker ist als alles, was die Welt verfinstern mag, teilen sie miteinander das Licht, das er in sie gelegt hat, und flüstern sich zu, was seit dem Tag die Runde macht, als der Stein plötzlich nicht mehr vor dem Grab lag:

„Der Herr ist auferstanden!"

„Er ist wahrhaftig auferstanden!"

„Der Herr ist auferstanden!"

„Er ist wahrhaftig auferstanden!"

Erst leise, ein Raunen, dann immer lauter, bis es die Welt erfüllt ...

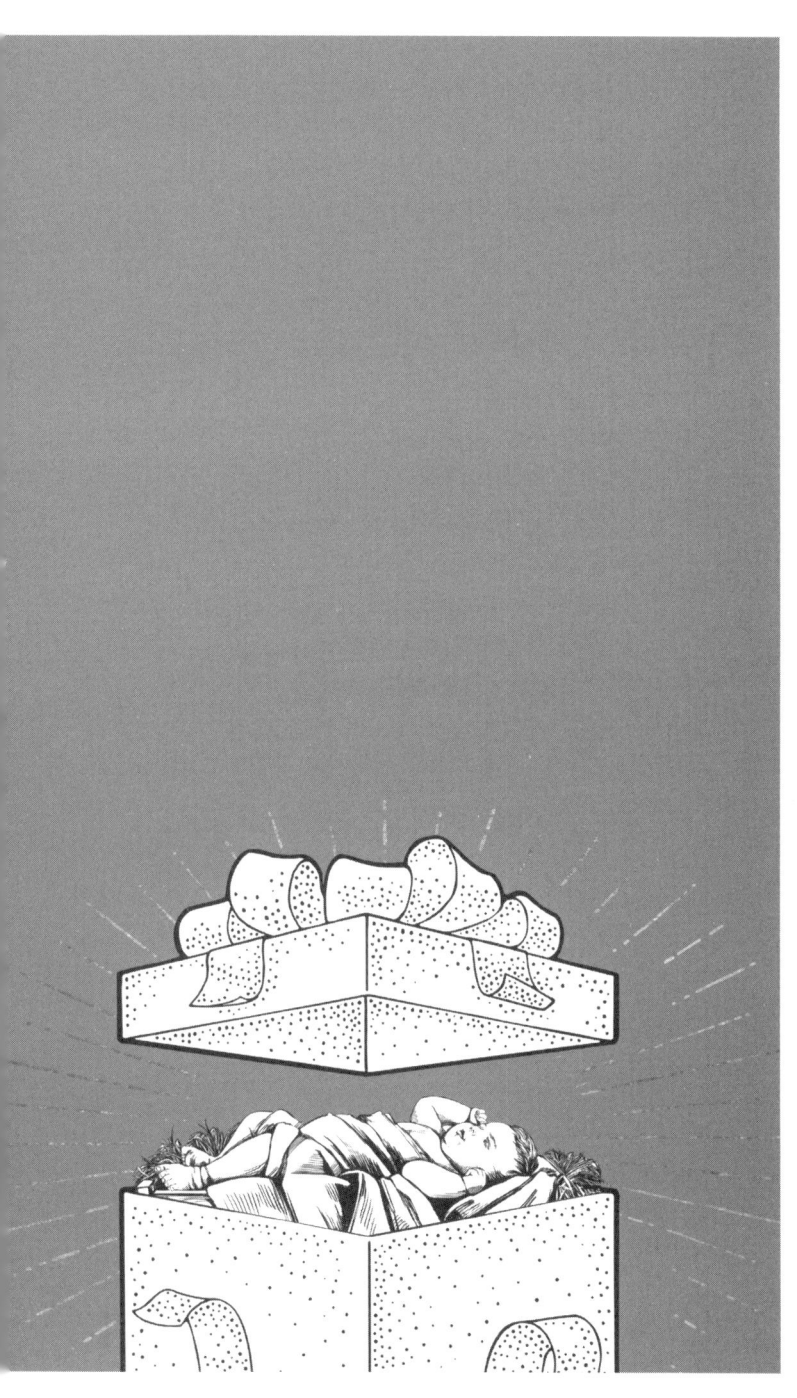

# Epilog. Nähe

Man muss kein Christ sein,
um die Bedeutung der
Auferstehung schätzen zu
lernen. Die Auferstehung
ist der Sieg des utopischen
Denkens. Und zwar im
Diesseits. Nicht in irgendeinem
Wolkenkuckucksheim. Das
ist der Triumph der Utopie
über die Hoffnungslosigkeit
des Todes. Der Tod kommt
daher wie ein Finanzkapitalist
und sagt „There is no
alternative" – und dann straft
die Auferstehung Christi diese
Worte Lügen.

JAKOB AUGSTEIN

**Wie schon erwähnt,** fällt mir persönlich der Glaube an Gott nicht besonders leicht. Ich bin eher skeptisch von Natur aus, der klassische „Das Glas ist halb leer"-Typ. Es gibt ja Leute, die sehen in jeder Blume am Wegesrand Gott. Ich sehe da meistens nur Blumen. Aber was mich am Christentum reizt und letztlich immer wieder einholt, ist diese unerwartete, merkwürdig eigenständige Vision von Gott, diese Herausforderung, das Leben ganz anders anzuschauen und zu leben.

**Deswegen feiern wir jedes Jahr Weihnachten und Ostern, um uns daran zu erinnern, wie anders, wie merkwürdig, zu merken würdig der Gott ist, an den Christen glauben. Ein Gott, dem wir Menschen wichtiger sind als das eigene Leben.**

Sollte ich in einem Wort zusammenfassen, worum es beim christlichen Gott geht, dann würde ich das Wort *Nähe* wählen.

Nähe zwischen Gott und Mensch und Mensch und Mensch.

Das war die Mission von Jesus aus Nazareth. Menschen und Gott miteinander verbinden.

Seine Geburt drückt aus, dass Gott die Welt betritt, um die Verhältnisse geradezurücken. Oben und unten soll die Bedeutung verlieren, Gott nicht länger im Himmel thronen, die Reichen und Mächtigen nicht mehr wert sein als Hirten auf dem Felde und Gott nicht länger von Priestern und Pfaffen in Tempeln verwaltet werden.

Empathie, Barmherzigkeit, Miteinander – *Nähe*.

Sein Leben buchstabierte den unbändigen Glauben, dass Gott jeden ein- und niemanden ausschließt. Trotzdem war Jesus kein spinnerter Hippie.

Dass zwischen Wunsch und Realität das Leben liegt, war ihm mehr als bewusst.

Wer die Evangelien liest, sieht das auf jeder Seite. Wenn er *„Wer ohne Sünde ist, werfe den ersten Stein"* sagt, um einer Frau das Leben zu retten, dann weiß Jesus, dass One-Liner, so cool sie auch sind, nicht die Welt verändern werden. Deshalb ruft er Menschen, ihm nachzufolgen, es ihm nachzumachen:

Mach's wie Gott und werde Mensch!

Brücken zu bauen statt Mauern, „Entfeindungsliebe" zu üben und einander die Füße zu waschen.

Das Mofa nehmen. Nähe leben. Den Anders-Gott lieben.

All das kumuliert in seinem Tod. Manche Christen mögen Weihnachten lieber als Ostern oder reden lieber von der Auferstehung als vom Kreuz. Wie jeder bis hierher merken konnte, geht es mir genau anders herum. Ob Jesus auferstanden ist, kann ich niemandem zeigen, aber in seinem Sterben sehe ich, dass er kein Blender gewesen sein kann.

Nähe – bis zum Schluss. Von „Vater vergib ihnen, denn sie wissen nicht, was sie tun" bis in die Gottverlassenheit. Und Christen glauben ja noch etwas Merkwürdiges. Nämlich dass in diesem Tod am Kreuz etwas geschehen ist, was die Welt verändert hat. Heil gebracht hat. Dass der Tod Gottes uns Menschen das Leben bringt.

**Gott hat sich am Kreuz selbst verlassen, damit niemand von uns jemals wieder fragen muss: „Mein Gott, mein Gott, warum hast du mich verlassen ...?"!**

Ich gebe zu, all das würde heute kein Mensch glauben, gäbe es den Glauben an die Auferstehung nicht.

Ostern. Die Erfahrung, dass der Tod Jesus nicht hat halten können.

Jesus wäre heute bloß irgendein vergessener Heiliger für uns, der für seine Überzeugungen mit dem Leben bezahlt hat – wie so viele andere auch. Wahrscheinlich würde sich noch nicht mal jemand an den Sohn von Herrn und Frau Niemand erinnern, geschweige denn darüber nachdenken, was für einen merkwürdigen Gott er verkörperte.

Ich war versucht, mein kleines Büchlein mit dem kurzen Hymnus auf die Auferstehung im letzten Kapitel zu beenden.

So ähnlich macht es das Markusevangelium. Es beschreibt, wie am Ostermorgen ein paar Frauen zum Grab von Jesus kamen, aber darin lediglich einen jungen Mann in weißen Kleidern fanden. Der verkündigte ihnen, dass Jesus nicht mehr hier, sondern auferstanden sei, worauf die Frauen vom Grab flohen ... „Denn Zittern und Entsetzen hatte sie ergriffen. Und sie sagten niemand etwas; denn sie fürchteten sich."

Mit diesen denkwürdigen Worten endet das Markusevangelium.

Endete, muss man wohl sagen. Der Auferstandene tauchte darin gar nicht mehr selbst auf – jedenfalls nicht in der Originalfassung des Evangeliums. In unseren heutigen Bibeln findet sich ein pompöserer Schluss, in dem der Auferstandene Jesus den Jüngern doch noch persönlich gegenübertritt, eine dramatische Rede hält und sie schließlich als seine Botschafter in die Welt sendet. In den ältesten erhaltenen Abschriften des Evangeliums fehlt dieser Schluss jedoch, wodurch wir wissen, dass er später hinzugefügt worden ist.

Schade eigentlich.

Mir gefällt das Original viel besser. Man hätte Markus sein unprätentiöses, kantiges Ende ruhig zugestehen können, finde ich. So wirkt es ein bisschen, als sei Michael Bay gebeten worden, ein anderes Ende von Casablanca zu drehen – in Farbe. Wahrscheinlich fanden es die Menschen damals unbefriedigend, wenn man schon einen vom Tode Auferstandenen zu bieten hatte, diesen bloß „im Off" anzudeuten. Und wahrscheinlich schreibe ich aus ähnlichen Gründen nun auch diesen Epilog.

Doch der Autor des Evangeliums hatte damit anscheinend kein Problem. Ihm war wichtiger gewesen herauszustellen, wie Jesus lebte und starb, als den Auferstandenen in Szene zu setzen. Vielleicht wollte er damit auch deutlich machen, dass die Auferstehungserfahrung nichts ist, was sich präsentieren lässt. Mir geht es ähnlich. Ich habe kein leeres Grab, das ich vorzeigen könnte. Geschweige denn, den Auferstandenen auf der Kurzwahltaste meines Handys. „Jesus im Off" steht sicher dafür, dass die Auferstehungserfahrung etwas Persönliches und Subjektives ist. Etwas, was sich nicht wie ein eindeutiger Beweis auf den Tisch legen lässt. Das geht deswegen schon nicht, weil die vier Evangelisten des Neuen

Testamentes ausgerechnet bei der Auferstehung sich geradezu bemühen, nur ja nicht vergleichbare Fakten zu schildern. Ausgerechnet, wo Christen am liebsten vier deckungsgleiche Protokolle hätten.

Und damit kommen wir zur letzten Merkwürdigkeit des christlichen Glaubens, auf die ich an dieser Stelle aufmerksam machen möchte:

**Der Gott, der die Welt durch die Hintertür betreten hat, entzieht sich ihr auch genauso.**

Für Christen ist es ein großes Ding zu glauben, dass Jesus von den Toten auferstanden ist. Natürlich. Wie gesagt, all ihre merkwürdigen Vorstellungen von Gott hängen daran. Außerdem glauben sie, dass seit seiner Auferstehung die Welt nicht mehr die gleiche ist.

Meine Güte, der Tod wurde getötet – das ist ja nun kein Randthema.

Will sagen, auch wenn Markus so viel Respekt vor der Auferstehungserfahrung hatte, dass er Jesus bewusst nicht damit in Szene setzen wollte, ist ein Gott, der am Kreuz stirbt UND drei Tage später wieder von den Toten aufersteht, ja nun schon etwas, was man normalerweise nicht in Hinterzimmern abhandelt.

Ein Auferstehungs-Trip nach Rom mit Auftritt auf

dem Palatin müsste doch abgemachte Sache gewesen sein, oder? Mit anschließender Welttournee. Oder wenigstens eine Erscheinung des Auferstandenen im Jerusalemer Tempel mit „Meet & Greet the Messia", anschließender Führung durchs leere Grab und Autogrammstunde. Nicht mal das? Das hätte den ganzen Zweiflern und Kritikern doch das Maul ein für alle Mal gestopft. Wie kann man denn nicht auf solche Gedanken kommen, wenn man schon Gott in seiner Mitte hat? Wer war denn der Marketingberater dieser Gurkentruppe? Wahrscheinlich Markus, der elende Purist, mit seinen künstlerischen Sperenzchen …

So startet man doch keine Weltreligion!

Der Anders-Gott bleibt auch als Auferstandener der andere Gott. Der merkwürdige, der die Welt anscheinend nicht im Sturm erobern will. Der merkwürdig anders agiert. Dem *Nähe* immer noch wichtiger ist als Glanz und Gloria. Ich finde das wichtig, weil Christen an dieser Stelle leider nicht lange ihrem Meister gefolgt sind. Die Kirchengeschichte ähnelt doch erschreckend oft eher Cäsar als dem Gott auf dem Mofa. Und auch heute kommen mir viele christliche Belehrungen, die den Glauben an Gott verteidigen wollen, wie verzweifelte Versuche vor sicherzustellen, dass der christliche Gott keinesfalls den Kürzeren zieht.

Aber genau das macht er. Freiwillig. Das ist doch der ganze Witz.

Auch daran dürfen wir uns erinnern, wenn wir Ostern feiern. Dass Jesus genauso unscheinbar auferstanden ist, wie er geboren wurde und am Kreuz sein Leben ließ.

Und letztlich natürlich, dass er lebt. Das meint Auferstehung ja:

**Der merkwürdige Gott ist so merkwürdig, dass nicht mal der Tod etwas mit ihm anfangen konnte. Jesus lebt. Und ist erfahrbar. Das glauben Christen. Zumindest versuchen wir es.**

Deshalb beten wir. Weil wir glauben, dass er anwesend ist und zuhört. Wie so eine Begegnung mit Jesus genau funktioniert, kann ich dir nicht sagen. Das ist bei jedem anders. Wie gesagt, das Markusevangelium lässt den Punkt im Director's Cut nicht ohne Grund offen, denke ich.

Am langen Ende geht es ja gar nicht um besondere spirituelle Erlebnisse, sondern um *Nähe*. Zwischen Gott und dir und mir und dir. Darum, dem Anders-Gott in das neue Leben zu folgen, das er vorgelebt und vorgestorben hat. Sich hineinzuleben und -lieben zu lassen von einem Gott, der keinen ausschließt. Das passiert sicher nicht von heute auf morgen. Muss es aber auch nicht. Jesus hat sich 30 Jahre Zeit gelassen, bis man etwas von ihm zu hören bekam.

Gott kennt keine Eile. Das ist auch so merk-würdig anders.

Zum Schluss soll meine Frau Julia zu Wort kommen. Ich habe sie letztes Jahr gefragt, was ihr an Ostern wichtig ist. Und wie so oft ist ihre Antwort besser als alles, was ich mir ausdenken könnte.

Sie sagte: „Die Hoffnung, dass es gut werden kann." Ich fragte, ob sie das diesseitig oder jenseitig meine, und sie antwortete: „Beides."

**Ostern bedeute für sie, dass man, so verfahren eine Situation auch ist, immer darauf hoffen könne, dass das letzte Wort noch nicht gesprochen sei. Und damit natürlich auch die Hoffnung, dass es mehr als dieses Leben gibt. Dass der Tod tatsächlich von Jesus abgeschafft wurde und wir, wie die Bibel es ausdrückt, in Jesus mit auferstehen.**

Das fand ich ziemlich gut.

# Anhang.
## Eine Übung

Das Leben ist nicht ein Frommsein, sondern ein Frommwerden, nicht eine Gesundheit, sondern ein Gesundwerden, nicht ein Sein, sondern ein Werden, nicht eine Ruhe, sondern eine Übung. Wir sind's noch nicht, wir werden's aber. Es ist noch nicht getan oder geschehen, es ist aber im Gang und Schwang. Es ist nicht das Ende, aber es ist der Weg. Es glüht und glänzt noch nicht alles, es reinigt sich aber alles.

MARTIN LUTHER

**Zum Schluss** möchte ich dir eine spirituelle Übung vorschlagen. Um dem merkwürdigen Gott auf die Spur zu kommen. Dem Anders-Gott. Damit es konkret wird. Man kann stundenlang über Gott philosophieren – am Ende zählen Begegnung und Nähe. Deshalb an dieser Stelle eine Adventsübung (die man natürlich auch zu jeder anderen Jahreszeit machen kann).

Für geistliche Übungen ist es hilfreich, sich einen abgesteckten Zeitraum zu nehmen, in dem man sich mit einem Gedanken oder einer Übung regelmäßig beschäftigt. So kann man seine Erfahrungen damit machen und reflektieren und sich am Ende überlegen, ob man das fortsetzen möchte oder nach etwas sucht, was besser zu einem passt. Du brauchst dafür einen Ort an dem du 10–15 Minuten möglichst ungestört bist und das Altarbild „Menschwerdung". Mit dem QR-Code kannst du es dir in voller farbiger Pracht auf dein Smartphone oder ein Tablet holen.

„Menschwerdung" nennt der Künstler Michael Triegel sein Werk, das seit 2018 den Hochaltar der katholischen Kirche in Baunach ziert. Sieh es dir zunächst schweigend eine Weile an und lass es auf dich wirken. Was löst es in dir aus? Welche Assoziationen gehen dir durch den Kopf?

Richte deine Gedanken nun mit folgender Frage auf Gott aus: „*Gott – was bedeutet es, Mensch zu sein?*"

Es ist hilfreich dabei dem Rhythmus deines Atems zu folgen. Während du also weiter das Altarbild betrachtest, denke beim Einatmen „*Gott*" und beim Ausatmen „*was bedeutet es, Mensch zu sein?*". Nimm dir hierfür Zeit. Mindestens ein paar Minuten. Lass das Bild auf dich wirken und atme diesen einen Satz wieder und wieder. Es ist nicht so wichtig, dabei auf bestimmte Gedanken zu kommen, es geht mehr darum, dich in die Frage hineinzufühlen.

### Was bedeutet es, Mensch zu sein?

Gib nicht zu schnell auf. Wenn man ungeübt mit dieser Art des Gebets ist, fühlt man sich an Anfang vielleicht unbeholfen. Das ist normal, keine Sorge. Vielleicht fällt es dir auch gar nicht so leicht, dich zu konzentrieren, weil deine Gedanken immer wieder auf Reisen gehen. Auch das ist normal. Wenn Gedanken kommen, betrachte sie kurz und lass sie weiterziehen wie ein vorüberfahrendes Schiff. Das Kind der Krippe wurde auch nicht in ein paar Minuten geboren.

### Gott – was bedeutet es, Mensch zu sein?

Einer der ältesten Texte im Neuen Testament wird im Philipperbrief zitiert. Er beschäftigt sich wie kaum ein anderer mit der Merkwürdigkeit Gottes. Es ist ein alter Hymnus, den Paulus in Kapitel 2, Verse 5–11, aufgreift. Ich drucke ihn hier in drei Versionen ab. 1. In meiner eigenen Übertragung, 2. in der meines guten Freundes Gofi Müller und 3. in der bekannten von Martin Luther. Jede Übertragung setzt dabei eigene Akzente. Such dir eine der 3 Versionen für den Schluss unserer Übung aus und lies sie im Rhythmus deines Atems mehrmals (oder lese sie alle drei nacheinander, ganz wie du möchtest). Lass den Text auf dich wirken und spüre dem nach, wie er sich in dir mit dem Altarbild und der Frage verbindet.

### *Gott – was bedeutet es, Mensch zu sein?*
### *1.*

Orientiert euch an Jesus Christus:
der sein Privileg der göttlichen Natur gerne aufgab,
um stattdessen ein Staubpartikel im Universum zu werden.
Ein Baby, ein Mensch wie jeder andere auch, unbedeutend.

Der sich nicht feiern lassen wollte, sondern helfen.

Der sich selbst nicht wichtig nahm,

und stattdessen Gottes Verbundenheit mit der Welt verkörperte,

die selbst vor dem Tod nicht haltmacht.

Als sie ihn kreuzigen wollten, rannte er nicht davon

und starb den schändlichen Tod eines Verbrechers.

Weil das unnachahmlich verdeutlicht, wie Gottes Wesen wirklich ist, hat Gott ihn erhoben,

damit man an Jesus sehen kann, wie zugewandt Gott der Welt ist.

Es wird der Tag kommen, wo jeder Mensch das erfassen und dem folgen wird:

Nicht Herrschaft, sondern Jesus verkörpert Gottes Herrschaft.

Darin wird Gott groß.


### *Gott – was bedeutet es, Mensch zu sein?*

#### *2.*


Er
gottgleich
behielt sich dieses Recht
nicht vor

sondern verschleuderte
entblößte und erniedrigte sich
um einer der Kleinen zu werden
gleich jedem Menschen
eines in einem Meer von Gesichtern
Er bückte sich tief
gehorchte in allem
selbst als es ihn das Leben kostete
Darum ist er jetzt groß
groß gemacht von Gott
genannt mit einem Namen
in dem alle anderen
widerklingen
Denn wo auch immer
sei's im Himmel oder
auf der Erde
die Gottheit als solche
anerkannt wird
da geschieht das
in seinem Namen:
Jesus
der, der es zuerst
und absolut
und uneinholbar
vor allen anderen getan hat

Er, der Kleinste

und damit auch der Größte

Und hierin wird der Schöpfer

Ursprung von allem

und Leben in allen

als Gott über allen

und für alle

bestätigt und geehrt

### *Gott – was bedeutet es, Mensch zu sein?*

### *3.*

Seid so unter euch gesinnt, wie es der Gemeinschaft in Christus Jesus entspricht:

Er, der in göttlicher Gestalt war, hielt es nicht für einen Raub, Gott gleich zu sein,

sondern entäußerte sich selbst und nahm Knechtsgestalt an, ward den Menschen gleich und der Erscheinung nach als Mensch erkannt.

Er erniedrigte sich selbst und ward gehorsam bis zum Tode, ja zum Tode am Kreuz.

Darum hat ihn auch Gott erhöht und hat ihm den Namen gegeben, der über alle Namen ist,

dass in dem Namen Jesu sich beugen sollen aller

derer Knie, die im Himmel und auf Erden und unter der Erde sind,

und alle Zungen bekennen sollen, dass Jesus Christus der Herr ist zur Ehre Gottes, des Vaters.

Wenn du möchtest, kannst du dir am Ende die Gedanken notieren, die dich während der Meditation beschäftigt haben. Ich mache solche Übungen immer wieder gerne. Die innere Erfahrung damit ist eindrücklich und weitet mein spirituelles Leben.

Zehn Minuten schweigend Bilder des menschlichen Gottes meditieren. Um immer wieder die Merkwürdigkeit meiner Religion auszuloten. Damit ich Jesus nicht mit Cäsar verwechsle.

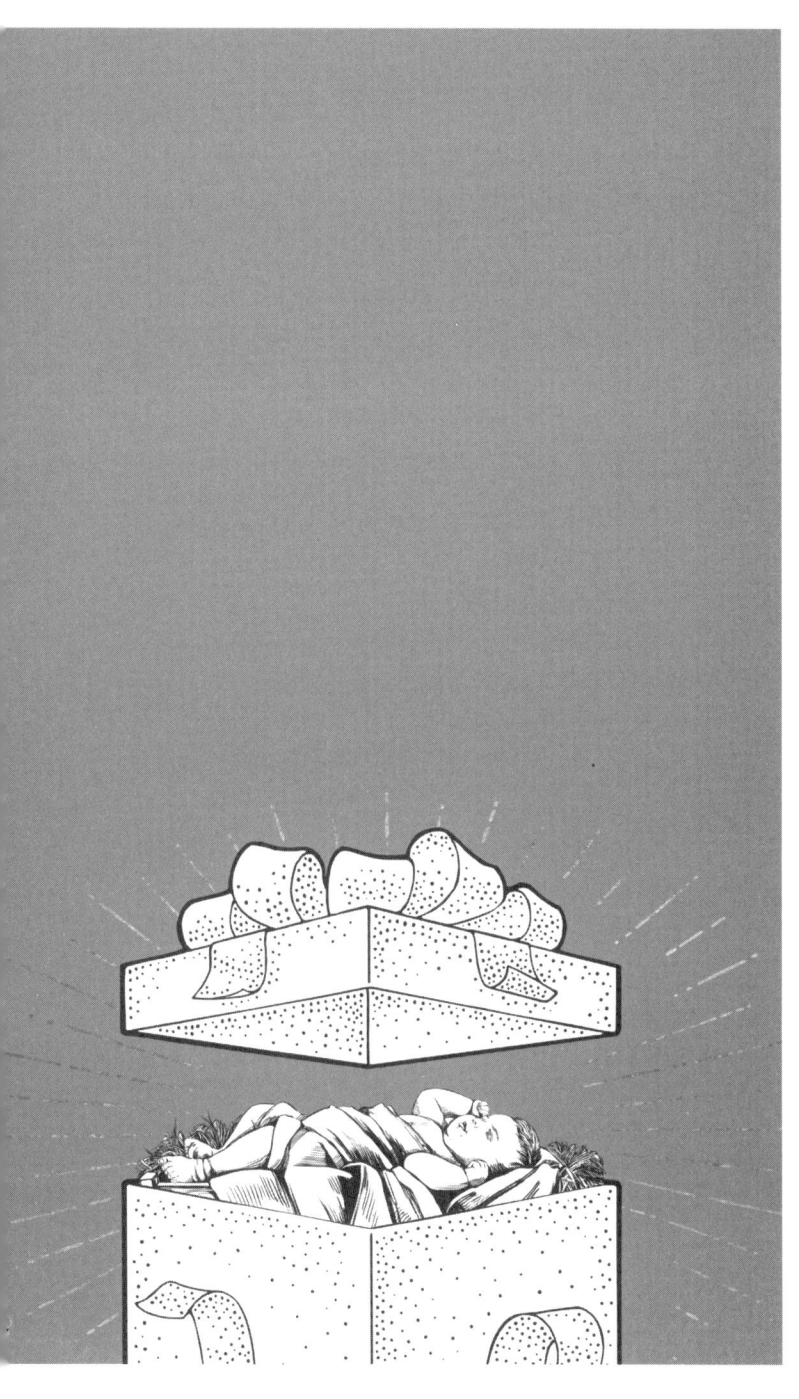

# Dank

Ich danke Kai Scheunemann, dass er mich dazu ermutigt hat, dieses Buch zu schreiben, Fred Ritzhaupt für das kompetente und wohlwollende Lektorat, Andy Sonnhüter für den Buchtitel und das Cover, meiner Frau Julia, dass sie meistens an mich glaubt, Gofi für Hossa Talk und Christian, Lenny, Peter und Schmittie für den Rock 'n' Roll. Auf das Leben: L'Chaim!

**Wer neugierig geworden ist**, worüber Jakob Friedrichs noch so nachdenkt, kann sich seinen Podcast *Hossa Talk* anhören, den er gemeinsam mit seinem Freund Gofi Müller produziert: www.hossa-talk.de.

Oder unter www.superzwei.de nachschauen – dort lernt man das Musik-Kabarett *superzwei* kennen, mit dem er seit über 30 Jahren auftritt.

Der Verlag weist ausdrücklich darauf hin, dass im Text enthaltene externe Links vom Verlag nur bis zum Zeitpunkt der Buchveröffentlichung eingesehen werden konnten. Auf spätere Veränderungen hat der Verlag keinerlei Einfluss. Eine Haftung des Verlags ist daher ausgeschlossen.

© 2021 by Gerth Medien
in der SCM Verlagsgruppe GmbH
Dillerberg 1, 35614 Asslar

1. Auflage 2021
Bestell-Nr. 817804
ISBN 978-3-95734-804-3

Umschlaggestaltung: Andreas Sonnhüter
www.grafikbuero-sonnhueter.de
Lektorat: Fred Ritzhaupt, Kai S. Scheunemann
Satz: Greiner & Reichel, Köln
Druck und Verarbeitung: GGP Media GmbH, Pößneck
Printed in Germany

www.gerth.de